RÉFLEXIONS

POLITIQUES

POUR L'INTÉRÊT GÉNÉRAL

ET PARTICULIER

DE LA FRANCE.

L'AMI DE L'ÉTAT,

OU

RÉFLEXIONS POLITIQUES

POUR L'INTÉRÊT

GÉNÉRAL ET PARTICULIER

DE LA FRANCE.

Par M. le Comte de F***. ancien Militaire.

A TRÉVOUX.

M. DCC. LXI.

L'AMI DE L'ETAT,

O U

RÉFLEXIONS POLITIQUES

POUR L'INTÉRÊT

GÉNÉRAL ET PARTICULIER

DE LA FRANCE.

LA Milice eſt un très-bon établiſſement, mais il devient pernicieux par la façon dont on la leve. On donne cette commiſſion dans les Provinces, à des Procureurs & aux Bourgeois des petites Villes; ces ſortes de gens réſiſtent peu aux ſollicitations, & preſque jamais aux préſents. Lorſque le ſort eſt tombé fur un Sujet propre à faire un bon Soldat, s'il eft riche, le Commiffaire reçoit un veau ou de l'argent, rejette ce nouveau Soldat fous prétexte d'infirmités qu'il n'a pas, & fait tirer au fort les Garçons de la Paroiffe.

DE pareilles injuftices engagent les jeunes Garçons à s'abfenter lorfqu'on doit tirer à la Milice. Alors ils font déclarés fuyards, la Maréchauffée a ordre de les arrêter ; la peur faifit ces jeunes gens ; ils s'éloignent de leur pays, n'ofent plus y paroître, & fouvent deviennent des libertins, & quelquefois des voleurs ; outre que cela entraîne la dépopulation dans les Provinces, chofe à laquelle on ne fauroit donner trop d'attention, & trop négligée aujourd'hui.

LES Couvents reçoivent les Garçons qui fe fauvent pour éviter de tirer à la Milice. C'eft un abus qui demanderoit une punition févere.

UN autre abus confidérable occafionné par la Milice, ce font les Mariages que les peres font de leurs garçons à l'âge de quinze à feize ans : de pareils enfants ne peuvent engendrer que des avortons & des gens foibles ; il faut un homme pour en faire un autre ; & on ne devroit permettre le Mariage aux Peuples de la campagne qu'à vingt & un an pour les garçons, & dix-huit pour les filles, ce feroit le vrai moyen de peupler le Royaume de gens forts & robuftes.

LA Milice ne devroit être tirée dans chaque Paroiffe qu'en préfence du Curé, & il faudroit que le Commiffaire fût un Gentilhomme ou un ancien Officier,

LA Religion exige des mœurs pures par fa Morale ; la faine politique de l'État exige moins de rigidité & demande une attention finguliere pour la population. L'amour furtif donne naiffance à bien des Enfants ; l'honneur

A ij

& la réputation en font périr la plus grande partie : il faut y remédier, en établiſſant dans les Villes capitales de chaque Bailliage une maiſon pour les enfants de l'amour, où ils ſeront reçus *gratis*, & élevés juſqu'à l'âge de vingt ans ; ils ne ſeront à charge que juſqu'à l'âge de ſept, qu'ils commenceront à travailler pour l'utilité de la maiſon ; on leur apprendra à lire & à écrire, & à chacun un métier, & à l'âge de vingt ans ils ſeront Soldats & obligés de ſervir douze ans, après quoi ils auront leur congé & le droit de maî-triſe du métier qu'ils auront appris dans leur jeuneſſe. Ce droit de maî-triſe leur fera faire de bons mariages, & augmentera la population ſans qu'on doive craindre la multiplicité des maî-tres, parce que dans les douze ans de ſervice, les uns y prendront goût & ne quitteront pas, & une partie des autres y périra.

En général les Enfants de l'amour

font braves & induftrieux ; ceux-là ne connoîtront pour parents que les Drapeaux du Régiment, & feront fûrement de bons Soldats.

A l'égard des Filles, elles refteront dans la maifon d'éducation pour laquelle elles travailleront dans les différents métiers qu'elles auront appris ; elles feront auffi chargées du foin des petits Enfants qu'on y apportera ; & comme elles fauront toutes de bons métiers, elles trouveront fûrement des maris, ce qui augmentera encore la population.

LA race des beaux hommes fe perd en France, par deux raifons, l'une la fureur des grands laquais, & l'autre celle d'avoir de grands hommes dans les Troupes. Un garçon de cinq pieds deux à trois pouces, qui eft bien formé, réfiftera mieux aux fatigues de la guerre qu'un autre de cinq pieds fix à fept pouces, & fervira auffi bien un maître

que les grands laquais de Paris, auſſi
faineants que libertins.

Les Haras ſont trop négligés en
France ; on pourroit y avoir de toutes
les eſpeces des Chevaux du monde par
les différents ſols des Provinces. Il faudroit pour cela avoir un homme con-
noiſſeur, intelligent, dans chaque Province, ſous le titre de Directeur général
des Haras, qui auroit un Commiſſaire
dans chaque Bailliage pour faire des
tournées exactes & donner des Étalons
fins ou étoffés ſuivant les lieux gras ou
maigres, & la même attention pour les
Juments, afin que les accouplements
fuſſent ſortables, ce qui eſt eſſentiel
pour procurer de beaux Chevaux.

On obligeroit chaque particulier
qui a une charrue à lui, d'avoir une
Jument fine ou épaiſſe, ſuivant le territoire de la Paroiſſe, & de la faire
ſervir par l'Étalon prépoſé ; de cette
ſorte, on auroit bientôt en France, les

plus beaux & les meilleurs Chevaux
du monde, & on feroit en état d'en
vendre aux étrangers au lieu d'en
acheter d'eux. Le Roi donneroit la
charge de Directeur des Haras de chaque Province pour récompenfe, à d'anciens Officiers de Cavalerie & de Dragons, avec quatre mille livres d'appointement, & cinq cents livres aux
Commiffaires de chaque Bailliage ; cet
argent feroit bien employé.

Il y a des Provinces en Bourgogne,
& fur les limites, où on auroit les plus
beaux Chevaux de maître de l'Europe ;
tels que font le Morvan, l'Autunois,
& fur-tout le Charolois, le Brionnois,
le Forez, le Beaujolois, le Limoufin,
l'Auvergne & la Normandie : ces trois
dernieres Provinces ne produiroient
pas de plus beaux Chevaux que les
autres.

La paie des Militaires eft très-petite
en France, & en temps de guerre il n'y

a point d'Officiers, hors les Seigneurs, qui n'aliéne, chaque année, un pré ou une terre pour se soutenir au service & faire des recrues : il en coûteroit peu au Roi d'exempter cette brave No- blesse de tous impôts. Il est vrai qu'elle ne paie pas la taille personnellement, mais elle la paie sur ses biens par ses Fermiers, ce qui fait une diminution considérable sur ses revenus.

Il faudroit qu'il y eût un Cadet par Compagnie dans les Troupes ; ces Cadets y apprendroient leur métier, s'attacheroient au Régiment, & feroient faits Officiers à mesure qu'il vaqueroit des Emplois. Ils mangeroient ensemble dans les garnisons avec le Maître de Dessein & des Mathématiques, qu'il seroit très-avantageux que le Roi entretînt dans chaque Régiment.

On ne devroit jamais donner de Compagnies dans les Troupes du Roi, qu'à ceux qui sauroient assez du Dessein

& des Mathématiques pour pouvoir lever un plan, fe retrancher en cas de befoin & connoître un peu les Fortifications.

Lorsque l'on eft parvenu au grade de Lieutenant-Colonel, on doit acquérir la Nobleffe pour fes enfants, pourvu qu'il y en ait un qui ferve pendant vingt ans ; de même qu'aux Familles qui fervent de pere en fils fans interruption depuis foixante ans.

Idée pour mettre l'Infanterie en efpece de Légion, chaque Régiment faifant une Brigade.

Il eft certain que le Soldat eft jaloux de la gloire de fes Drapeaux, & que c'eft avec fatisfaction qu'il parle des actions où il s'eft trouvé ; mais il eft comblé de joie quand il entend dire que le Corps où il fert s'eft diftingué par la valeur ; cela met une émulation étonnante dans le Soldat, & il eft effentiel de l'entretenir.

CETTE émulation eſt ôtée quand on forme une autre Brigade de différents Régiments ; elle porte le nom du plus ancien. S'il ſe fait une belle action, elle paſſe ſous ce nom là, & on ne dit rien des autres qui ont quelquefois le mieux fait. Si au contraire la Brigade fait mal ſon devoir, chaque Régiment rejette la faute l'un ſur l'autre.

Moyens d'y remédier.

CHAQUE Régiment formera une Brigade qui ſera compoſée de cinq Bataillons de mille hommes chacun, diviſés en vingt Compagnies de cinquante hommes chacune, y compris deux Sergents & un Tambour, & dont une Compagnie ſera de Grenadiers. De ſorte qu'il y aura dans chaque Bataillon dix-neuf Compagnies de Fuſiliers & une de Grenadiers : s'il y en avoit deux ce ne ſeroit que mieux.

IL y aura pour chaque Compagnie

un Capitaine, un Lieutenant, & un Sous-Lieutenant.

CHAQUE Bataillon aura un Commandant avec le titre de Lieutenant-Colonel, & un Aide-Major. Il y aura un Major pour tout le Corps & un Lieutenant-Colonel qui n'aura point de Compagnie & qui fera Commandant de tout le Régiment.

IL faudra être Maréchal de Camp pour être Colonel du Régiment, & on le gardera jufqu'à ce que l'on parvienne à la dignité de Maréchal de France.

IL y aura dans chaque Bataillon un jeune Colonel qui fera fubordonné au Lieutenant-Colonel qui commande le Corps, & qui apprendra fon métier en fervant avec d'anciens Militaires. C'eft un moyen fûr de former d'excellents Officiers Généraux, qui apprendront les petits détails du fervice, chofe très - néceffaire en temps de guerre.

CHAQUE Régiment formant une Brigade portera le nom d'une Province. Il eft trifte pour un Régiment de changer de nom, on ne le reconnoît plus; & quand les Soldats ont fait de belles actions fous le nom d'un Colonel, il eft facheux pour eux d'en prendre un autre, cela ôte l'émulation qu'il eft fi néceffaire d'exciter parmi eux.

DES que chaque Régiment fera feul une Brigade, tous les Soldats prendront l'efprit du Corps; les jeunes apprennent des vieux les belles actions qu'ils ont faites, cela excite leur courage : l'honneur du Drapeau leur devient précieux, & ils combattent avec plus de valeur, étant fûrs de leurs camarades qu'ils regardent comme leurs freres.

DAILLEURS, fi le Régiment fait

bien, il ne partage fa gloire avec perfonne, fi au contraire il fait mal, il
ne peut rejetter fes fautes fur les autres.

DE cette façon l'Infanterie Françoife
feroit invincible, fur-tout fi l'on a foin
d'entretenir l'union parmi les Soldats,
& d'y exciter l'émulation par un ton
d'amitié & d'eftime avec lequel il faudroit que les Officiers leur parlaffent, au
lieu des duretés & des coups de cannes
qui devroient être bannis pour jamais.

LES Officiers Majors ne devroient
commander l'Exercice qu'avec l'épée ;
le métier de Soldat eft trop noble pour
recevoir des coups de cannes, c'eft
avilir le courage : un brave homme
qui en a reçu eft au défefpoir, il
déferte, ou en un jour d'affaire il tire
fur l'Officier qui l'a frappé.

QUAND des Soldats vont chez
eux par congé, il eft honteux qu'on
leur retienne leur paie pendant leur

abfence ; cela ne fe fait pas dans la Cavalerie.

Quand un Soldat s'eft diftingué il faut lui donner une gratification, l'exempter de fentinelle en garnifon, lui donner une médaille d'argent où feroit la figure du Roi, & de l'autre côté ces mots ; *Prix de la valeur :* il la porteroit à fa boutonniere , & cette diftinction produiroit des miracles dans le cœur des Soldats qui ne chercheroient qu'à fe diftinguer par leur courage pour mériter une pareille récompenfe , qui coûteroit bien peu au Roi.

Les Régiments de Cavalerie devroient être compofés de douze Compagnies de cinquante Maîtres chacune, y compris le trompette ; & chaque Régiment feroit quatre Efcadrons. Le Roi y gagneroit plufieurs Etats Majors, & il eft certain que deux Régiments un peu forts , valent mieux que quatre petits qui feront plus forts en nombre, par rapport à l'efprit du Corps & à l'honneur des Étendards, comme il eft dit ci-deffus au fujet de l'Infanterie.

L e Moufqueton eft une arme totalement inutile à la Cavalerie, & qui ne fert qu'à embarraffer & rompre fouvent un Efcadron dans un jour de bataille. On accroche fes Moufquetons par le crochet du talon, le bout du canon qui eft hors du porte-moufqueton pend fous le ventre du cheval : quand un Efcadron fe ferre, ces moufquetons donnent dans les jambes des chevaux, & le frottement les fait fouvent partir; il faudroit les ôter, & doubler le nombre des Carabiniers, de façon qu'il y en eût huit par Compagnie.

L a Cavalerie ne doit combattre qu'à coups d'épée & de piftolet; les Cavaliers ne fe fervent jamais de cette derniere arme, ils la gardent pour un cas de néceffité, & c'eft pourtant la plus meurtriere & la plus utile de la Cavalerie, qui se tire à bout-touchant. Pour engager les Cavaliers à en faire usage, il faudroit mettre deux cartouches cintrés autour des fontes des pistolets, sous les faux-fourreaux, où il y eût douze charges ; cela les engageroit à s'en servir plus souvent & à propos, sur-tout dans une premiere charge, où l'on ne doit tirer qu'à la distance de l'encolure d'un cheval.

Si dans un jour de bataille on mettoit des pelotons de Grenadiers aux deux côtés de chaque Escadron, qui feroient feu sur l'ennemi dans le moment que notre Cavalerie charge, cela feroit un excellent effet.

Il seroit également utile en un jour de bataille que les Grenadiers de chaque Brigade fussent mis dans les intervalles de chaque Bataillon, un peu en arriere, pour défendre ce vuide ou se porter où leur secours seroit nécessaire.

Il

Il seroit encore très-utile qu'il y eût une Troupe légere au moins de cent hommes, moitié à pied & moitié à cheval, attachée à chaque Brigade, & qui en porteroit le nom.

En temps de paix l'on diminueroit le nombre des Soldats dans chaque Légion, ainsi que dans la Cavalerie; & les recrues s'en feroient sur les Milices.

Il faut agrandir les baïonnettes, ôter les épées aux Soldats & leur donner des couteaux de chasse un peu larges, qu'ils porteroient le long de la cuisse la pointe en bas; ce qui n'incommode point en marchant, ni quand on serre les rangs à la pointe de l'épée. Ces armes peuvent servir en cas de besoin pour couper des haies vives ou autres choses incommodes. Les Soldats se battroient moins entr'eux; les combats particuliers en détruisent beaucoup, au lieu que le couteau de chasse ne tue pas comme l'épée.

IL seroit très-à-propos de donner un pistolet de ceinture à chaque Soldat, & sur-tout aux Grenadiers, ce qui seroit d'une grande utilité dans bien des occasions.

LES épées des Soldats, Cavaliers, Dragons & autres, devroient être déposées chez chaque Commandant des Compagnies dans les garnisons; cela éviteroit bien des combats particuliers où il périt nombre de braves gens. L'uniforme les fait assez connoître sans qu'ils aient besoin d'épées sur le pavé: les Grecs & les Romains n'en portoient point pendant la paix.

LES épées de la Cavalerie sont trop pesantes & pas assez longues; il faudroit des lames pleines & tant soit peu plus larges que des demi-espadons.

IL seroit très-utile que les Commandants des Places instruisissent les Ministres des mœurs, des actions, & des talents de chaque Officier, afin qu'on connût les bons sujets pour les distinguer des mauvais, sur-tout des ivrognes, des calomniateurs, des jureurs, des tapageurs, des fainéants, & de ceux qui n'ont point de religion.

Il arrive souvent en temps de paix qu'un Inspecteur réforme plusieurs Chevaux d'une Compagnie; le Capitaine les envoie chez lui, & les remet à sa Troupe dès qu'il change d'Inspecteur: ce manege qui est contre le service du Roi, ruine à la fin le Capitaine qui se trouve obligé de faire tout d'un coup une remonte trop considérable.

Pour éviter cet abus, il faut faire couper une oreille à chaque Cheval réformé, & ordonner aux Majors de retenir la moitié de la paie du Capitaine jusqu'à ce que les Chevaux réformés soient remplacés.

Dans le temps de Pâque on oblige

chaque Soldat d'apporter un billet pour preuve qu'il s'eſt confeſſé ; il ſeroit bien auſſi néceſſaire que chaque Officier en apportât un pour lui-même au Commandant.

On pourroit employer pendant deux mois de l'année, les Milices à travailler aux grands chemins, & obliger les Seigneurs & les Habitants d'y planter des arbres des deux côtés, & les entretenir chacun dans ſon diſtrict.

Il manque une Troupe très-utile à la Maiſon du Roi, c'eſt une Compagnie de Dragons choiſis, à la tête des quatre Compagnies rouges, comme les Grenadiers à cheval ſont aux quatre Compagnies bleues; alors il faudra ôter les fuſils aux Mouſquetaires.

Il ſeroit très-utile qu'il y eût une marque ſur les habits qui fît connoître les différents états & conditions; car tout eſt confondu en France.

Un faquin avec un habit propre
ou une épée à fon côté, eft pris pour
un homme d'importance, d'où il ré-
fulte fouvent de dangereux abus. On
peut y remédier en ordonnant que la
bonne Nobleffe portera fur le devant
de fon habit une épée nue la pointe
en haut, foutenant une couronne, le
tout brodé en or : les Officiers qui ne
font pas Gentilshommes l'auront brodée
en argent, de même que les nouveaux
Nobles, qui ne pourroient l'avoir en
or qu'après cent ans de nobleffe, ou
pour récompenfe d'une belle action de
guerre ; cela feroit un grand bien en
ce que l'on diftingueroit un Homme de
qualité & un Militaire, d'avec nombre
de gens de rien, mais riches & ma-
gnifiques en habits, qui humilient la
bonne Nobleffe, que cette marque de
diftinction flatteroit infiniment.

La fûreté de Paris exigeroit que les
Soldats aux Gardes fuffent cafernés,
& il y a peu d'habitants dans cette

Capitale qui ne donnât une fomme pour cet ouvrage ; de forte qu'il n'en coûteroit rien pour faire des cafernes.

ON pourroit encore obliger une Compagnie aux Gardes , divifée en vingt efcouades, de faire durant toutes les nuits la patrouille dans les rues de Paris ; cela n'arriveroit qu'une fois en trente jours , & fatigueroit peu ces Soldats.

PROJET *d'un Guet Militaire pour la Garde de Paris.*

LE Guet fera compofé de trois mille hommes, dont douze cents de Cavalerie ; ils feront tous tirés du corps des Troupes & des Invalides en état de fervir. Comme ces places ferviroient de récompenfe à de bons & anciens Soldats, les Infpecteurs auront ordre de les choifir à leurs revues. Dès qu'un Soldat fera encore en état d'agir , il préférera fans doute cette place à celle qu'il

2 à l'Hôtel des Invalides. Quand la Troupe sera formée, elle se recrutera parmi les vieux Soldats qui seront reçus aux Invalides comme bas-Officiers, quand ils ne pourront plus servir dans le Guet.

LES trois mille hommes seront divisés en trente Compagnies de cent hommes chacune ; savoir , dix-huit d'Infanterie, & douze de Cavalerie, dont le tiers servira tous les jours pendant vingt-quatre heures.

CHAQUE Compagnie aura un Capitaine & deux Lieutenants ; les Capitaines auront rang de Lieutenant-Colonel , & les Lieutenants de Capitaine.

LE tout sera sous les Ordres d'un Commandant, qui sera au moins Colonel , & Il y aura au dessus de lui un Officier général , qui aura le titre de Général du Guet, ou de Préfet du Prétoire , & qui sera aussi Inspecteur du Guet. B iv

Comme le Guet à pied fera trois Bataillons, il y aura trois Enseignes ou Sous-Lieutenants, pour porter trois Drapeaux : il y aura aussi trois Cornettes pour porter les Etendards du Guet à Cheval ; on peut doubler si l'on veut le nombre des Drapeaux & des Etendards.

Chaque Compagnie à pied fera composée de quatre-vingts Soldats & de vingt Caporaux : ces derniers sauront tous écrire. Ce qui fera vingt Escouades de quatre Soldats, chacune commandée par un Caporal.

Il y aura au-delà de cent Hommes six Sergents par Compagnie, pour la discipline & pour commander dans les Corps-de-garde, dont il fera parlé ci-après.

On joindra à chacune de ces Compagnies deux Tambours de la Ville ; tous les Officiers & les Soldats de ce Corps feront tirés de l'Infanterie, & tous ceux du Guet à Cheval feront tirés de la Cavalerie & des Dragons.

CHAQUE Compagnie à Cheval fera compofée de quatre-vingts Cavaliers & de vingt Brigadiers, qui feront obligés de favoir écrire, devant commander chacun une Efcouade de quatre Hommes. Il y aura auffi, outre les cent Hommes par Compagnie, fix Maréchaux des Logis; chaque Compagnie aura deux Trompettes de la Ville, & pour le tout quatre paires de Timbales.

CETTE Troupe fera armée d'un fufil, d'une baïonnette, de deux piftolets & d'un couteau de chaffe; elle fera montée fur de petits chevaux de Dragons, la principale utilité de fon fervice confiftant dans la promptitude avec laquelle elle peut fe tranfporter au befoin, & même mettre pied à terre dans l'occafion.

LE tiers du Guet fera tous les jours

de service ; il y aura quarante Corps-de-garde dans Paris, dans chacun desquels il montera vingt-cinq Hommes commandés par un Sergent pour l'Infanterie, & par un Maréchal des Logis pour la Cavalerie, ce qui fera mille Hommes, dont deux tiers d'Infanterie & un tiers de Cavalerie. Cette garde fera relevée journellement une heure avant la nuit, & chaque Sergent ou Maréchal des Logis aura auparavant tiré au fort le Corps-de-garde où il doit monter avec fa Troupe.

A l'entrée de la nuit chaque Maréchal des Logis, ou Sergent de garde, détachera de fa Troupe vingt Hommes en quatre efcouades, commandée chacune par un Brigadier ou Caporal, pour aller faire la patrouille dans les rues fuivant l'ufage, & il reftera dans chaque Corps-de-garde cinq Hommes avec un Sergent ou un Maréchal des Logis.

LORS qu'une Efcouade aura arrêté

quelqu'un , elle le menera chez le Commiſſaire le plus prochain, à qui le Commandant de cette eſcouade ayant déclaré la raiſon pour laquelle il l'a arrêté , ſignera ſa déclaration ſur le livre du Commiſſaire , donnera le nom de ſa Compagnie , celui de ſon Sergent ou Maréchal des Logis au deſſous , & celui de ſon Corps-de-garde ; le Commiſſaire à ſon tour ſignera un double de cette déclaration qu'il remettra au Commandant de ladite eſcouade.

Si le Commiſſaire juge à propos d'envoyer en priſon la perſonne arrêtée , il ſera tenu d'avoir un Clerc ou un Valet de ville pour conduire le coupable en priſon & pour l'y écrouer ; la même eſcouade qui l'aura arrêté lui ſervira d'eſcorte juſqu'à la priſon , & elle retournera tout de ſuite continuer ſa patrouille.

S'il arrivoit que quelque eſcouade du Guet arrêtât quelqu'un qui ſe dit

Officier, alors au lieu de le conduire chez le Commiſſaire, on le menera au Corps-de-garde, où il ſera remis à la charge du Sergent ou du Maré‑chal des Logis qui y eſt reſté avec cinq Hommes, & le lendemain le Commandant du Corps-de-garde le menera ou l'enverra chez le Commandant de la Compagnie, qui, ſuivant la nature de la faute, ſera maître de le relâcher ou de l'envoyer en priſon; & dans ce der‑nier cas, il ſera obligé dans le jour d'en avertir le Commandant du Guet & d'en écrire au Miniſtre de la Guerre.

La partie du Guet qui aura fait la patrouille pendant la nuit, ſe diviſera à la pointe du jour, & chaque diviſion retournera à ſon Corps-de-garde, où elle reſtera pour être relevée une heure avant la nuit.

Chaque Commandant d'Eſcouade ſera tenu, en rentrant à ſon Corps-de-garde, de rendre compte au Comman‑dant de ce Corps-de-garde de ce qui lui est arrivé pendant la nuit, & de lui remettre les feuilles signées des Commissaires, contenant les événemens & les captures de la nuit.

LORSQUE toutes les Escouades seront rentrées, le Commandant de chaque Corps-de-garde sera tenu d'écrire un double des rapports & des verbaux des Commandants d'escouade, ainsi que des feuilles signées des Commissaires, de tous les événemens arrivés pendant la nuit, que ledit Commandant du Corps-de-garde signera aussi.

LE même jour chaque Commandant des Corps-de-garde, dans le moment qu'il sera relevé, portera un de ces doubles chez le Lieutenant de Police, à qui il le remettra, ou encore mieux, à un Bureau préposé pour cela, sans y rendre aucun compte, & il donnera l'autre double à son Capitaine.

SI dans le courant du jour il arrive quelques événemens, les Commandans

de chaque Corps-de-garde les join-
dront à ceux de la nuit, pour en rendre
compte comme ci-deffus.

LEs trente Capitaines du Guet feront tenus tous les premiers jours de
chaque mois, de remettre au Commandant du Guet toutes les feuilles
journalieres dont le Lieutenant de Police aura déjà eu des doubles de la part
des Commandants des Corps-de-garde
& des Commiffaires.

LE Commandant du Guet, accom-
pagné du Général, portera dès le
lendemain toutes ces feuilles au Miniftre de la Guerre, à qui le Lieutenant de Police fera tenu d'en faire
autant. Par ce moyen ce Miniftre
verra fi le Lieutenant de Police & les
Commiffaires font leurs devoirs.

S'IL eft prouvé qu'il foit arrivé
quelque défordre dans Paris, & que
le Commandant de l'efcouade la plus
prochaine ne s'y foit pas tranfporté auffi,

tôt qu'il le pouvoit, il fera puni févérement, & cela par fes Officiers, fur
les plaintes du Lieutenant de Police
ou des Commiffaires.

Il fera configné dans chaque Corps-
de-garde que lorfque le Prévôt des
Marchands, le Lieutenant de Police,
ou les Commiffaires y enverront demander un détachement du Guet,
il y marchera fuivant le nombre de-
mandé, pourvu néanmoins qu'il refte
toujours dans le Corps-de-garde une
Efcouade avec le Sergent ou le Maréchal des Logis. Les Commandants des
Corps-de-garde ne pourront jamais fortir avec toutes leurs Troupes que pour
l'exécution de quelques Ordres du Miniftre, pour appaifer une émeute ou
pour un incendie, dans lefquels cas
il ne reftera qu'une Sentinelle au Corps-
de-garde.

Lorsqu'il s'agira de quelques
Ordres fecrets de la Cour, où il faudra

que le Guet agiſſe, le Miniſtre de la
Guerre adreſſera l'Ordre directement
au Général, ou au Commandant du
Guet, qui le fera exécuter, ou bien
il l'adreſſera au Lieutenant de Police
qui écrira au Commandant du Guet
de faire fournir les Troupes dont on
aura beſoin : ces Troupes ſeront com-
mandées par des Sergents & des Maréchaux des Logis.

Les Officiers Supérieurs ne pourront
jamais marcher que par des Ordres
particuliers & exprès du Miniſtre, ou
dans les jours de Cérémonie, quand
toute la Troupe prendra les armes.

Il faut pour premier principe de
ce projet, que le Roi réuniſſe pour
toujours le détail de Paris à la place
de Miniſtre de la Guerre ; de cette façon les Officiers du Guet ne ſeront
point ſubordonnés à la Robe, il n'y
aura que la Troupe qui agira, les
Officiers ne devant marcher que par
des

des Ordres exprès du Miniſtre ; d'un
autre côté le Lieutenant de Police ne
perd rien ni de l'autorité ni des privileges
de ſa Charge, puiſque dans ce qui re-
gardera la ſûreté de Paris ou des ordres
ſecrets pour faire arrêter quelqu'un,
dès qu'il aura beſoin d'une Troupe du
Guet, il l'enverra demander aux différents Corps-de-garde, ou au Commandant du Guet, & on lui enverra
le nombre d'Hommes qu'il exigera.

En ſuivant ce projet, Paris ſera en
ſûreté de jour & de nuit contre tous
les événements ; les charges de la Police ne perdront rien de leur autorité
& privileges, & les Officiers du Guet ne
ſeront en rien ſubordonnés à la Robe,
puiſqu'ils n'ont point de ſervice journalier à faire, & qu'ils ne peuvent jamais
avoir de diſcuſſion avec la Police, leurs
Emplois étant des places de repos & de
récompenſe de leur ſervice Militaire.

Cette Troupe honorera la ville
C

de Paris & en fera l'entiere sûreté; elle ne coûtera rien au Roi, servira d'émulation aux autres Troupes, augmentera le nombre des places que le Miniſtre a à donner, éternifera ſa mémoire, & mettra le Roi à même, ſans qu'il lui en coûte rien, de récompenſer beaucoup de braves Gens qui l'ont bien ſervi.

Le Guet de Paris paſſera tous les ans en revue devant le Roi, comme Troupe Militaire, ou du moins devant le Miniſtre de la Guerre.

Le Guet Militaire ne coûtera guere plus à la ville de Paris que celui d'à préſent, & il ſuffira de donner vingt ſols par jour à chaque Soldat, & trente ſols à chaque Cavalier qui entretiendra ſon Cheval de fers & de licol: la Ville nourrira les Chevaux & les fournira tous équipés, elle donnera auſſi les armes & l'habillement.

Comme la Ville a beaucoup de voitures, elle fera conduire tous les huit jours les fourrages néceſſaires dans les Corps-de-garde & dans les Caſernes; à moins qu'il n'y ait des greniers à foin dans les Caſernes.

Si l'on trouve la dépenſe de ce Guet Militaire trop forte, on peut employer les revenus de quelques Abbayes qui feront deſtinés pour cela, avec ce que la ville de Paris doit en payer.

Il y aura deux Majors pour cette Troupe, afin de leur faire faire l'exercice une fois par mois, où tous les Officiers aſſiſteront.

Il y aura auſſi un Commiſſaire qui fera un Echevin de la Ville.

Il y a beaucoup de bons ſujets dans le Guet d'à préſent, que l'on conſervera.

Comme le Guet Militaire doit être tou-

jours à portée, il faut qu'il loge & qu'il
mange par chambrées; pour cela il faut
avoir trente endroits féparés dans Paris
pour loger les trente Compagnies, ce qui
augmentera la fûreté de la Ville : car s'il
y arrivoit une émeute, l'on auroit tout
d'un coup dans différents quartiers,
trente troupes de cent Hommes chacune, bien armées, braves, & difciplinées.

CHAQUE Compagnie doit loger
enfemble, féparée des autres, & vivre
par chambrées.

ON peut leur accorder des privileges pour l'entrée des vivres, comme
aux Invalides, & leur attribuer un
Boucher.   Les Lieutenants iront fouvent vifiter les Chambrées & les Corps-
de-Garde, pour voir fi tout eft dans
l'ordre.

LES trente Cafernes pour loger les
trente Compagnies, auront chacune
une Sentinelle, & il y reftera toujours

un Sergent ou Maréchal des Logis de garde, qui ne pourra en fortir de vingt-quatre heures.

COMME les Maréchaux des Logis fe monteront à leurs dépens, ils auront un écu par jour & le fourrage pour leurs Chevaux; les Sergents auront quarante fols; les Brigadiers auront trente-cinq fols, & les Caporaux trente fols.

LES Sous-Lieutenants & les Cornettes, qu'on peut laiffer à la nomination du Prévôt des Marchands, ou du Lieutenant de Police, auront douze cent livres par année; ils ne pourront jamais monter à un grade plus haut.

LES Lieutenants auront deux mille livres d'appointements, & les Capitaines quatre mille.

LE Commandant du Guet aura huit mille livres, & fon logement au Luxembourg; & le Général du Guet aura douze mille livres, & son logement aux Thuilleries.

LES deux Majors auront six mille livres chacun.

IL seroit à propos qu'il y eût six Aides-Majors à la nomination du Lieutenant de Police ou du Prévôt des Marchands, dont deux serviroient chaque semaine; ils assisteroient toujours à la garde montante, feroient tirer les postes, visiteroient tous les jours les Corps-de-garde, & ce seroit par eux que le Lieutenant de Police feroit demander & dire aux Officiers du Guet ce dont il auroit besoin, suivant les différents cas.

IL seroit à propos qu'il y eût toujours un de ces Aides-Majors de service chez le Lieutenant de Police.

ILS auront quinze cents livres d'appointements & ne pourront monter à

un grade plus haut ; mais les Cornettes & les Sous - Lieutenants pourront devenir Aides-Majors.

Lorsque la Garde devra monter,
elle s'assemblera fur la place de la
Maison de Ville.

L'on peut faire rouler les Cornettes &
les Sous-Lieutenants, avec les six Aides-
Majors, pour le fervice journalier.

Par ce projet, les Charges de Prévôt des Marchands & de Lieutenant
de Police augmentent en dignité par
la nomination de ces Cornettes, Sous-
Lieutenants & Aides-Majors, qui dé-
pendront abfolument d'eux, mais qui
feront néanmoins fubordonnés aux
Officiers Militaires du Guet.

Une réflexion qui peut contribuer
à lever les difficultés de l'établiffement
d'un Guet Militaire à Paris, c'eft que
l'autorité & les fonctions de Lieute-
C iv

nant de Police émanent de la Charge de Prévôt de Paris, dont il n'eſt que le Lieutenant. Or la Charge de Prévôt de Paris étant Militaire, il ne répugne point que les Officiers & la Troupe du Guet ſoient Militaires, quoique le ſervice détaillé de cette Troupe paroiſſe dépendre du Lieutenant de Police, qui eſt Homme de Robe.

Il conviendroit d'ôter le nom de Guet à cette Troupe, & de lui en donner un diſtingué, comme de Compagnie d'Armes de Paris, ou de Compagnie Franche de la Ville.

Il n'y a pas aſſez de Maréchauſſée en France, il faudroit la doubler, & que ces charges ne s'achetaſſent plus; mais que le Roi les donnât pour récompenſe à des Officiers. Les Emplois qui ſervent à la ſûreté publique doivent être honorables.

Voici un moyen facile pour lever un bon nombre de Soldats en temps de Guerre, sans fatiguer les Peuples de la Campagne.

IL faut pour cela assujettir toutes les Communautés, tant des Marchands que des Maîtres d'Arts & Métiers, dans toutes les Villes du Royaume où il y a Maîtrise, de fournir des Hommes au Roi.

POUR cet effet il faut avoir la liste de toutes les Communautés de chaque Ville ; par cette liste l'on verra la quantité des Marchands & des Maîtres ; après quoi taxer chaque Communauté suivant sa force, c'est-à-dire, suivant la quantité des Maîtres qui forment chaque Communauté.

E X E M P L E.

LA Communauté des Maîtres Menuisiers de Paris consiste en mille Maîtres, environ, sans les privilégiés ; qu'on mette dix Maîtres pour faire un Soldat, cette Communauté en fournira cent, ainsi des autres à proportion.

POUR faciliter cette Communauté à trouver aisément des Hommes, il faut promettre aux Apprentifs ou Compagnons, qui serviront de Soldats pour chaque Communauté, qu'après avoir servi le Roi pendant six ans, ils auront leur congé absolu , & qu'ils seront de droit reçus Maîtres ou Marchands dans chaque profession qu'ils avoient ci-devant embrassée, sans qu'il leur en coûte rien , & sans être tenus de faire aucun chef-d'œuvre, & qu'ils seront pourtant appellés aux Assemblées de leur Communauté & à la Jurande, comme s'ils avoient été reçus par les Jurés & Gardes desdites Communautés : & au cas que les Apprentifs n'aient pas fini leur temps d'apprentissage, les six ans qu'ils serviront en qualité de Soldats leur en tiendront lieu , &

ce terme expiré, ils feront admis à la Maîtrife comme les autres.

E n mettant dix Maîtres pour fournir & habiller un Soldat, à fix livres par Maître cela fait foixante livres, qui fuffiront pour fon habillement; on dira peut-être qu'il y a des Maîtres qui ne feront pas en état de payer ces fix livres.

E n ce cas il faudra leur permettre de prendre de l'argent de leur caiffe, attendu qu'il n'y a point de Communauté qui n'ait de l'argent en caiffe; ils ne peuvent l'employer à une meilleure occafion : l'on peut même les obliger de donner douze livres à chaque Soldat.

L e s Communautés pourront repréfenter que cette quantité de Soldats fera une trop grande augmentation de Maîtres dans chaque Communauté; ce qui n'arrivera pas, parce que dans l'espace de six ans il en peut mourir une partie, d'autres contents de l'état Militaire y resteront ; d'autres enfin prendront quelque autre parti.

Au surplus, ce n'est pas un mal qu'il y ait beaucoup de Maîtres dans une Ville. L'on peut aussi faire défendre dans chaque Ville de recevoir aucun Aspirant à aucune Maîtrise pendant lesdites six années, à moins qu'ils ne soient fils de Maître ou n'épousent des filles de Maîtres.

On pourra même obliger les Apprentifs ou Compagnons qui sont dans les lieux privilégiés, de tirer au sort avec les autres, & ils auront les mêmes privileges.

S'il arrive qu'ils soient blessés & hors d'état de continuer de servir pendant leurs six ans, ils seront toujours reçus Maîtres ou Marchands s'ils le veulent.

La Marine une fois bien rétablie

& entretenue, feroit un avantage certain pour le Royaume qui n'a pas befoin de preuve. Cela fait, il faudroit avoir dans chaque Port un nombre de Vaiffeaux de guerre qui feroient deftinés à faire un voyage à certaines Ifles ou autres endroits, une ou deux fois par année, felon la diftance des lieux & à certains mois de l'année, fixes à peu près comme les Voitures publiques, avec la liberté à tous les Sujets du Roi de charger des Vaiffeaux marchands qui feroient efcortés par ces Vaiffeaux de guerre, auxquels on paieroit une certaine fomme pour leur entretien & leur efcorte, c'eft-à-dire, que les Marchands paieroient pour les Vaiffeaux de guerre.

DE cette façon l'on auroit toujours un bon nombre de Vaiffeaux & de Matelots, & dans des cas preffants les Vaiffeaux marchands ferviroient de Vaiffeaux de guerre.

LE Commerce une fois établi dans

toutes les Provinces , les Particuliers fourniroient des fonds, les jeunes gens feroient des voyages , & tel qui fe met dans un Cloître par néceffité ou faute de trouver un état conforme à fa naiffance , feroit un voyage fur mer & hazarderoit plus volontiers ce genre de vie.

Le Commerce ainfi rapproché & multiplié dans les Provinces, occuperoit utilement les Habitants, la confiance renaîtroit, l'argent circuleroit, les derrées fe débiteroient, & le Commerce fleuriroit.

L'on pourroit obliger les Provinces d'entretenir un certain nombre de Vaiffeaux de guerre , en retirant des droits fur les Vaiffeaux marchands, & même de fournir des Vaiffeaux marchands pour leur propre commerce, ce qui feroit un avantage réel pour le Roi & pour l'État.

Il eft inconteftable que les plus

grands avantages que l'on puisse tirer dans le cours d'une guerre, se réunissent en partie principale dans la connoissance exacte des Pays où les Armées pour & contre agissent dans chaque campagne ; qu'il est de nécessité tant pour l'offensive que pour la défensive, de connoître à fond les bonnes & les mauvaises situations des lieux où l'on agit.

CETTE connoissance consiste à éviter les dangereuses & à savoir choisir les plus favorables, c'est-à-dire, les parties les plus abondantes pour la subsistance des Armées, & par la même raison à avoir ses derrieres libres. Personne n'ignore le contenu de cet article. Je juge que pour parvenir à une connoissance exacte & plus fidelle que ne la donnent les Cartes géographiques les plus recherchées, l'on pourroit parvenir dans peu de campagnes à une connoissance solide des Pays où le théatre de la guerre est établi,

SAVOIR.

En priant ou en affujettiffant les Officiers Généraux, Conducteurs des Colonnes d'Infanterie, de Cavalerie, d'Artillerie, & aux Vaguemeftres chargés des menus & des gros équipages, de faire chaque jour de marche de l'Armée, & chacun en leur particulier, des Mémoires, qui ne fauroient être trop circonftanciés, des paffages qu'ils auront pratiqués, obfervant d'y placer le lieu d'où l'Armée eft partie, quels en étoient les appuis de droite & de gauche, auffi-bien que fon front; d'y ajouter les rivieres, les ruiffeaux, les marais, les bois, les montagnes, les défilés, les villes, bourgs, villages contenus dans ce même Camp, & en même temps d'y expliquer ceux qu'ils auront paffés pendant leur marche; de plus, les moyens qui ont été pris pour furmonter les difficultés qui s'y font préfentées. Il feroit encore nécef-faire d'ajouter à ce Mémoire la nature

des

des différents défilés, leurs situations & les avantages les plus convenables que l'on en peut retirer : l'on y marquera encore les étendues des marais, leurs fonds fangeux, praticables ou non dans le cours de l'année.

L'on conviendra que les éclaircissements énoncés ci-dessus & très-circonstanciés comme il est dit, mettront un Général d'Armée dans la connoissance du Pays où il agit, & que par ce moyen il aura la facilité de placer les Troupes dans les plus avantageuses positions, tant pour l'offensive que pour la défensive, sans être forcé de combattre s'il est de l'intérêt de l'éviter.

Je juge que pour donner un plus grand jour à mon exposition, l'on aura la bonté d'observer que pendant le cours des précédentes guerres, nos échecs, nos défastres ont pris leur origine dans l'ignorance des Pays.

Hoftec , Ramilly , Oudenard , Turin
& Malplaquet, en font les témoignages
évidents.

L'on conviendra qu'un Général
pourvu de la connoiffance exacte d'un
Pays , unie au talent de favoir pro-
fiter des occurrences qui fe préfen-
tent pour & contre fon adverfaire ,
a un grand avantage fur cet antago-
nifte , fi celui-ci fur-tout eft peu verfé
dans cette connoiffance.

Ces mémoires fidélement exécutés
dans toutes leurs parties , par les
Conducteurs des Colonnes , à chaque marche de l'Armée , pourront
être remis au Général : celui-ci les
fera remettre à un Officier éclairé qui
les rédigera en journaux le plus briéve-
ment & le plus inftructivement que
faire fe pourra. Le Général les fera remettre à chaque fin de campagne au
Secretaire de la Guerre , qui de fa part
chargera le Chef d'un de fes Bureaux

de les rectifier encore, s'il le juge nécessaire, & d'en faire un corps particulier. Par ces observations réguliére-
ment établies, l'on assujettira les Généraux à des connoissances utiles, qui
communément leur ont été indifféren-
tes, ou qu'ils ont même négligé par
des principes les plus repréhensibles.

NE seroit-ce pas un nouveau lustre
à ces mémoires d'y ajouter à chaque
campement de nos Armées les positions
de celles des ennemis, aussi-bien que
leurs marches & la nature du pays
qu'elles occupent.

MES propositions paroîtront au premier aspect difficiles dans leur exécution, sur-tout à ceux qui sont dans
la disposition commune de négliger
les salutaires instructions; mais si on
les examine attentivement & que l'on
veuille sortir d'une trop forte léthargie à
cet égard, l'on conviendra des avantages considérables qui en résulteroient.

D ij

IL feroit de plus d'une très-grande utilité de joindre aux obfervations énoncées, un plan de chaque Camp, croqué ou ébauché par un nombre de Deffinateurs qui entr'eux fe diviferoient toutes les parties de l'Armée, & qui pendant leur féjour dans un Camp fe réuniroient enfemble, pour de tous leurs plans croqués ou ébauchés, chacun en leur particulier, en faire une ébauche générale qu'ils mettroient au net & en regle pendant les hivers, obfervant d'y placer des échelles les plus juftes & plus fideles qu'elles ne le font communément : l'on joindroit à chacun de ces plans, bien nets & réguliers, les obfervations faites par les Conducteurs des Colonnes & rédigées par la perfonne éclairée nommée ci-deffus, & par le Chef d'un des Bureaux de la Guerre ; ce qui feroit une hiftoire ou narration verbale la plus utile & la plus curieufe qui ait encore paru.

L'ON conçoit que ces échelles indi-

queront fidelement l'éloignement ré-
ciproque des Villes, Bourgs, & Villages, aussi bien que les distances
du Camp abandonné à celui qui sera
occupé.

LES Capitaines des Vaisseaux qui
vont en commission ne sont-ils pas for-
cés de produire à leur retour un iti-
néraire tracé jour par jour sur le
papier, des routes qu'ils ont suivies
pendant le cours de leur navigation,
aussi-bien que de leurs observations,
& de les remettre aux Commissaires
de l'Amirauté : si cette pratique n'est
pas généralement observée chez toutes
les Nations, j'ai vu les Chefs des Vaisseaux Hollandois la suivre exactement

NE pourrions-nous pas d'une autre
part devenir susceptibles de soins, de
peines & d'attentions pour notre in-
struction. Le Général de l'Armée pourroit mettre son apostille sur le fort
& le foible des Camps qu'il auroit

occupés. Le grade où l'on eſt ne donne pas de l'eſprit ; & comme il pourroit arriver que dans le nombre des Conducteurs des Colonnes il y en eût qui fuſſent dépourvus des talents néceſſaires pour juger ſainement des ſituations qu'ils auroient rencontrées dans leurs marches, autant par négligence que par des réflexions tardives, pour ne pas dire peu lumineuſes, je juge que dans les jours de marche il ſeroit utile de placer à la ſuite de chaque Conducteur de ces Colonnes, un Deſſinateur éclairé, qui ſans ſe communiquer à ce Conducteur, pour ne pas détruire les remarques qu'il devra faire de ſon côté, fît en ſon particulier les obſervations les plus juſtes & les plus recherchées ſur toutes les choſes intéreſſantes & capables de donner une connoiſſance exacte des pays.

Si les Maréchauſſées étoient doubles, la ſûreté publique en ſeroit plus grande, la contrebande plus difficile à faire ; & dans une guerre où l'on feroit preffé, l'on en feroit un très-bon Corps de Cavalerie.

DANS des cas de guerre preffée, l'on pourroit dans quinze jours affembler tous les Gardes que les Fermiers généraux entretiennent, & en faire une Armée, en leur donnant de bons Officiers ; beaucoup de ces gens-là ont fervi, ils font tous très-bien armés, & ils feroient fur-tout très-bons pour défendre nos Côtes dans une guerre contre les Anglois. Pour peu qu'il y eût de vieilles Troupes avec ces Gardes, ils fe battroient très-bien.

Idée pour n'avoir jamais de Guerre dans l'Europe.

LES limites des Etats une fois réglées, chaque Souverain aura deux Hommes éclairés & remplis de probité, fous le titre de *Juges de Paix*, dans chacune des Villes ci-après nommées ; ils feront ferment d'agir dans les Jugements suivant la Justice & leur conscience.

LORSQU'UN Souverain aura lieu de se plaindre d'un autre, il enverra ses griefs à ces deux Juges de Paix, dans les six Villes : ils les communiqueront aux autres, & après avoir examiné les raisons des deux parties, ils en décideront. Celui des Souverains qui ne voudroit pas se soumettre à ce Jugement, s'y verroit forcé par la guerre que tous les autres Souverains lui déclareroient.

Villes où il y auroit des Juges de Paix.

PARIS pour la France ; Vienne pour l'Allemagne ; Rome pour toute l'Italie ; Madrid pour l'Espagne & le Portugal ; Copenhague pour tout le Nord ; Londres ou la Haye pour l'Angleterre & la Hollande.

ALORS toutes les Puiſſances Chrétiennes devroient ſe réunir pour détruire les Algériens, Tripolitains, Tuniſſois & autres Barbares qui piratent ſur la mer & réduiſent à un dur eſclavage tous les Chrétiens qu'ils peuvent prendre.

IL faudroit créer à la tête des quatre Compagnies rouges de la Maiſon du Roi, une Compagnie de Dragons choiſis, à l'inſtar de celle des Grenadiers à Cheval : cela ſeroit bien utile.

IL y a trop de penſions accordées à des femmes, ſoit des veuves ou des filles ; c'eſt un abus facile à détruire.

L'ON ne devroit jamais accorder de ſurvivance ; le mérite étant perſonnel doit ſeul être récompenſé.

IL faudroit que le Clergé donnât 2000 liv. à chaque Ambaſſadeur, ou Réſident, qui eſt obligé d'avoir un

Aumônier, lorfqu'il habite un pays Proteftant.

Le Roi devroit accorder des penfions aux Militaires, fur les Abbayes, comme cela fe pratiquoit autrefois.

La plus grande partie de la meilleure Nobleffe eft pauvre, & a de tout temps bien fervi le Roi; il faut la foutenir, & pour cela faire un fonds appartenant à l'Etat, qui fera employé à la fecourir dans fes befoins pour lui conferver le peu de bien qu'il lui refte, en payant fes dettes. Les Gentilhommes en ce cas en paieroient trois pour cent d'intérêt jufqu'au rembourfement.

Il faudroit obliger les riches Financiers de marier leurs filles aux Gens de condition, au choix du Financier.

Il y a dans le Diocefe d'Arles un gros Village nommé les Saintes, fitué fur le bord de la mer avec un petit

Port, ce Village est dans l'Isle de la Camargue, pays fertile, mais sans défense ; si les Anglois y envoyoient une Chaloupe & cinquante Hommes, ils pourroient brûler toutes les habitations, détruire tout le pays, & tuer ou emmener une quantité considérable de bétail ; ils pourroient même remonter par le Rhône jusqu'à Arles, & y faire un coup de main très-préjudiciable.

POUR assurer ce pays contre toute entreprise, il faudroit bâtir deux petits Forts à la Camargue, sur les deux branches du Rhône, où l'on tiendroit des Invalides & du Canon, ne pouvant passer que des Chaloupes dans ces deux bras du Rhône.

SI le Roi donnoit les Invalides à ses Troupes dans leurs Paroisses, avec la moitié en argent du prix que chaque Soldat coûte à l'Hôtel, cela feroit plus d'impression sur le Peuple, le Soldat en feroit mieux, & le Roi y gagneroit une moitié ; mais il faudroit garder à l'Hôtel ceux qui ont des membres coupés, ou des bleſſures hideuſes qui effrayeroient les payſans.

Sı la Flotte d'Eſpagne ſe joignoit à la nôtre, il ſeroit plus avantageux d'aſſiéger Gibraltar que de faire une deſcente en Angleterre. Dès que nous aurions aſſez de Vaiſſeaux pour être maîtres du Détroit, l'on prendroit Gibraltar ; cette perte ſeroit plus préjudiciable aux Anglois que ſi l'on ſaccageoit Londres ; car on leur ôteroit tout le commerce qu'ils font par la Méditerranée.

Sı les Flottes de Suéde & de Ruſſie faiſoient une deſcente en Ecoſſe avec le Prince Edouard, cela feroit un bon effet, pendant que la France & l'Eſpagne aſſiégeroit Gibraltar.

Il ne faudroit jamais faire de paix avec les Anglois, que leur Roi ne renonçât au vain titre de Roi de France.

L'Espagne jouit d'une partie de la Navarre, qui appartient bien légitimement à la France, il faudroit qu'elle la rendît dans le traité qu'on pourroit faire avec elle.

L'Ecosse se souleveroit encore en faveur du Prince Edouard, s'il y étoit avec des Troupes réglées & de l'Artillerie ; alors il faudroit que ce Prince se contentât de l'Ecosse ancien Royaume de ses Peres ; les mécontents d'Angleterre & d'Irlande l'y viendroient joindre journellement, & il seroit bientôt maître de l'Irlande, & par les suites de l'Angleterre.

Il faudroit faire payer un double droit de Franc-fief à tous ceux qui en ont acheté depuis 1715, & qui n'étoient pas Nobles lorsqu'ils en ont fait les acquisitions.

Jamais les Corfes ne feront d'accord avec les Génois, ceux-ci feroient mieux de vendre cette Ifle à l'Efpagne, pour la donner à Dom Philippe, qui feroit Roi de Corfe.

Si la guerre continue, l'Impératrice Reine doit indemnifer la France en lui cédant Luxembourg & le Pays, avec le Comté de Chiny, Oftende & Nieuport.

Le moyen le plus fûr pour ruiner les Anglois en temps de guerre eft d'avoir beaucoup d'Armateurs; pour y réuffir, il faudroit que le Roi promît de rembourfer tous les Vaiffeaux des Armateurs qui feroient pris par les Anglois; cela coûteroit peu au Roi, animeroit les Armateurs dont la mer feroit couverte dans fix mois, & ruineroit le commerce des Anglois dans une année.

La plus grande partie de la Noblefſe

du Royaume s'étant ruinée à la guerre, a été obligée de faire des méfalliances & fe trouve par-là privée de l'entrée des Chapitres Nobles, tandis que la Noblefle moderne, à qui les richefles ont fait faire de belles alliances, peut entrer dans tous ces Chapitres : il faudroit pour foutenir l'ancienne Noblefle faire double preuve du côté des Peres, & aucune du côté des Meres, pour être reçu dans les Chapitres Nobles, qui n'en feroient que mieux compofés.

· IL n'eft point de Pays dans le Monde dont les Sujets aiment autant leur Roi que les François ; mais la Noblefle de France l'emporte fur tous par fon amour & fon attachement pour fon Souverain ; elle facrifie avec empreffement fa vie & fon bien pour fa gloire; l'honneur, la fidélité, & le courage font les attributs de cette Noblefle; il feroit jufte qu'elle fût exempte de tous impôts pendant qu'elle fert dans les

Armées, ou lorfqu'elle a fervi pendant vingt ans, & qu'elle s'eft retirée du Service.

L'Ancienne Noblefe n'eft pas riche : elle voit avec douleur les Terres de fes Ancêtres dans des mains roturieres ou nouveaux Nobles; c'eft fur ceux-là qu'il faudroit rejetter les impôts que l'on ôteroit à la Noblefe, & aufi fur les Bourgeois des Villes des Provinces, ce font Gens inutiles à l'Etat, qui tourmentent les Seigneurs & les Peuples par des procès, ils font infolents, procefifs, & dépenfent peu; il faut les charger de taille & éteindre ce Corps inutile.

La Noblefe étant la récompenfe de la Vertu, ne devroit point s'acquérir pour de l'argent, ou du moins ne devroit être acquife qu'au petit-fils de celui qui l'achete. Si on obligeoit tous ceux qui ont acheté la Noblefe fous le regne de Louis XIV, de payer une

taxe

taxe ou de perdre leurs privileges, on en tireroit une somme considérable.

QUANTITE' de faux Nobles qui usurpent même des titres qui ne leur appartiennent pas, mériteroient une punition exemplaire, & de grosses amendes; de même que les nouveaux Nobles qui n'ont pas payé le Joyeux Avénement ni la Ceinture de la Reine. Il faudroit charger des Gens intégres, tirés du Corps de la bonne Noblesse, pour vérifier dans toutes les Provinces les faux Nobles, ou usurpateurs de Noblesse, & ceux qui n'ont pas payé les droits acquis à la Couronne; le Roi en retireroit de grandes sommes, en taxant ces Gens-là qui font tous riches; & il donneroit une parfaite satisfaction à la bonne Noblesse, qui est obligée de déférer à ces nouveaux parvenus que leurs richesses rendent insolents.

IL y en a qui achetent tout le bled

des Provinces, quand il est à bon marché, & ils gagnent le double dessus en n'ouvrant leurs greniers que dans le temps de disette, ce qui ruine les Peuples de la Campagne. Il y a un moyen pour que le bled ne soit jamais cher en France.

Il faut pour cela avoir un Grenier dans la Ville capitale de chaque Bailliage, où l'on déposera le Bled que l'on achetera pour le Roi à un ou deux sols par boisseau plus cher que le taux des mercuriales ; & dans le temps de disette on le vendra à cinq sols de plus par boisseau. Le Roi ni perdra pas ; car l'on a remarqué que tous les trois ans le prix du bled augmente d'un tiers, & quelquefois de la moitié.

Beaucoup de Gens de mérite très-capables d'être utiles au Roi & à l'Etat, restent ignorés dans les Provinces faute d'être connus ou d'avoir des protecteurs, il faudroit que les

Commandants des Provinces, les Intendants & quelques autres Perſonnes de mérite rendiſſent compte à la Cour de la capacité & des talents des Gens de leurs Provinces.

IL feroit très-utile d'établir une Loterie dans chaque Capitale des grandes Provinces du Royaume, dont le produit feroit employé à élever cent Gentilshommes du Pays, à qui l'on apprendroit le Deſſein, les Mathématiques, l'Hiſtoire, la Politique, la Danſe & les Armes.

CHAQUE Bailliage formant une petite Province, il feroit avantageux qu'il y eût un Gouverneur à ſix mille livres d'appointement. Il y a bien un Lieutenant Général & un Lieutenant du Roi dans chaque Bailliage. Un Gouverneur y feroit plus utile, cela donneroit au Roi des places pour récompenſer ſes Officiers Généraux, & pour relever de très-bonnes maiſons qui se font ruinées au service : leurs appointements ne coûteroient rien au Roi , ils seroient levés par une taxe sur les Bourgeois, sur les Moines rentés , & sur quelques Prieurés ou Abbayes que l'on destineroit pour cela.

IL y auroit toujours un Gouverneur Général de chaque grande Province , qui n'auroit que vingt-quatre mille livres d'appointements.

LES Gouverneurs particuliers de chaque Bailliage seroient obligés d'y passer six mois en trois ans , & d'en visiter toutes les Villes & Villages ; de recevoir les plaintes des Peuples contre les tyrannies & vexations des Seigneurs, des Receveurs des Tailles , de Grenier à Sel , & d'autres, dont il se tiendroit des Regiftres, ainsi que du bon ou mauvais terroir de chaque Paroiffe, du trop ou trop peu de Taille, d'un endroit par rapport à l'autre, des injuftices qui s'y commettent dans les impofitions & la levée de la Milice.

Du produit qu'on peut retirer du pays, foit par des Haras, par des plants de Vignes, d'Arbres de différentes efpeces, par le Labourage, les Prés propres à engraiffer des Bœufs, les plantations de Bois de haute futaie ou taillis; en un mot de tout ce qui peut être utile à l'Etat ou au Pays, & ce Gouverneur rendroit compte de tout au Roi par écrit.

De cette façon le Roi fauroit au jufte le produit de chaque Village, & de quelle nature eft cette production; les Peuples étant protégés feroient encouragés à mieux travailler, & l'on fauroit jufqu'à un écu les revenus de tout le Royaume.

Si l'on fuivoit cette idée, le produit des terres du Royaume doubleroit; rien ne refteroit inculte; les Peuples étant fûrs de la protection Royale, &

étant affurés que leurs Gouverneurs re-
cevant leurs plaintes les porteroient au
Roi, perfonne n'oferoit plus faire des
vexations; car il n'y a rien de fi injufte
que la répartition des impofitions fur
les Peuples qui ne fe fait que par ca-
price, & jamais par juftice : on ne
fauroit trop protéger les Laboureurs,
ce font eux qui nous font vivre.

Ces Gouverneurs vérifieroient l'étendue & les droits des Fiefs & Seigneuries des Gentilshommes ; fixeroient
leurs limites par des bornes qu'ils feroient planter en leurs préfences, &
éviteroient par-là bien des querelles
dangereufes, & des procès qui ruinent
la Nobleffe.

Ils vérifieroient auffi l'origine des
Fiefs, les Maifons d'où ils fortent,
celles qui les poffédent, leurs étendues,
leurs Juftices & leurs revenus; ils
feroient en outre chargés d'examiner
fcrupuleufement ceux qui ont ufurpé

la Nobleſſe, ou des qualités & des titres
qui ne leur appartiennent pas, & on
les taxeroit à de groſſes amendes.

PAR ce moyen le Roi connoîtroit
les bonnes Maiſons de ſon Royaume,
dont la plus grande partie eſt tombée
dans la pauvreté, ſans perdre les ſentiments d'honneur & de courage, &
ſur-tout de fidelité & d'amour pour
ſon Roi.

IL faudroit qu'il y eût un Bureau
où chaque particulier pourroit adreſſer
ſes idées pour le bien de l'Etat; il
ſeroit compoſé de deux Officiers Généraux, l'un de terre & l'autre de mer,
de deux Magiſtrats, de deux Députés
du Commerce & de deux Marchands;
ils recevroient tous les Avis & Mémoires qui leur ſeroient adreſſés, les examineroient avec ſoin; s'ils y trouvoient des choſes utiles, on récompenſeroit l'Auteur par des honneurs,
des penſions, des gratifications ou des

exemptions fuivant l'état des Gens &
l'utilité des Avis ; car on ne fauroit
payer trop cher un bon confeil.

Ceux dont les Mémoires ou Projets ne vaudroient rien, ne feroient
pas rebutés, au contraire, le Bureau
leur écriroit pour leur montrer le foible
de leurs idées, & les encourager à
mieux faire ; c'eft le vrai moyen d'engager les Gens d'efprit à travailler &
à imaginer des chofes avantageufes à
l'Etat. Souvent un Homme de la lie
du peuple donneroit des avis falutai-
res auxquels les plus beaux génies n'ont
pas penfé.

L'habilete' d'un Miniftre ne confifte pas à enfanter des projets, il eft
trop occupé pour cela ; mais il fuffit
qu'il faififfe ce qu'il y a de bon dans
un projet pour en faire ufage.

Le Cardinal Ximenes difoit que
les meilleurs avis qu'il avoit reçus lui

venoient des Gens du Peuple ; c'eſt un Vigneron qui lui donna le conſeil du Siege d'Oran ; c'en eſt un autre qui donna l'idée du Canal de Languedoc.

Les Souverains pourroient retrancher les entrées de leurs Ambaſſadeurs, c'eſt une dépenſe abſolument inutile.

L'on ne devroit donner le titre d'Ambaſſadeur qu'à des Gens de Condition & militaires, pour que dans les occaſions ils fuſſent ſoutenir l'honneur de leur Maître avec dignité.

A l'égard des ſimples Envoyés ou Réſidents, il ne faut pas s'attacher à la naiſſance, mais uniquement à la capacité.

Il y a quatre qualités eſſentielles & néceſſaires pour un Ambaſſadeur, qui ſont, fidelité, ſecret, prudence &

vigilance ; il y a auffi quatre défauts, dont un feul doit l'exclure de cette dignité, qui font ivrognerie, paffion du jeu, pareffe & indifcrétion.

Il eft honteux que les Valets de chambre, les Cuifiniers, & les plus petits Bourgeois, avec un habit propre, fe mettent une épée au côté, & que par-là on ne puiffe diftinguer un honnête homme d'un faquin; il faut éteindre cet abus par de vraies punitions, n'y ayant que la Nobleffe & les Militaires qui doivent porter l'épée : cet abus eft très-confidérable.

Ne fera-t-on jamais une Loi févere contre les calomniateurs & les faux délateurs ? Il faudroit qu'il y eût un Tribunal exprès, où on pût porter fes plaintes contre cette pefte de l'Etat, qui fait perdre au Roi de bons Sujets qui le ferviroient utilement & qu'on laiffe languir dans l'oifiveté : quoi ! parce qu'un homme d'honneur ne voudra pas boire, jurer Dieu, médire de son prochain, ou faire quelques autres actions encore plus mauvaises avec des scélérats, ils lui feront perdre sa fortune & le déshonoreront par leurs calomnies en lui attribuant toutes les infamies dont ils sont seuls capables ; ils paieront même des gens pour aller dans les Cafés, les Auberges & ailleurs, décrier un honnête homme, qu'ils n'oseroient regarder en face ? la potence doit être faite pour de pareilles gens.

Il faudroit que le Roi s'appropriât toutes les Justices criminelles des Seigneurs des Terres, & leur laissât la Justice civile, parce qu'un crime commis sur la Justice d'un Seigneur doit être poursuivi à ses frais; & comme la plupart ne sont pas riches, ils laissent échapper le Criminel plutôt que de dépenser mille écus pour le faire pendre.

Si la Justice Criminelle étoit au

Roi, les Officiers des Bailliages feroient punis févérement, s'ils ne la faifoient pas avec exactitude, & alors il fe commettroit moins de crimes.

IL eft honteux que des roturiers poffédent un fi grand nombre de Fiefs, le Roi devroit s'emparer de tous les Terriers & de la Juftice de leurs Terres, qu'il revendroit à la Nobleffe de chaque Pays, & en tireroit beaucoup d'argent.

SI on envoyoit dans chaque Province des Gens intégres pour s'informer des injuftices & fripponneries qui s'y commettent, & condamner les coupables à des amendes, il en reviendroit bien de l'argent au Roi.

ON n'eft pas affez févere à punir les Notaires des petites Villes & de la Campagne, quand ils font des fripponneries ou des fautes graves, ils font prefque tous ignorants; il faudroit avant de les recevoir les faire examiner

par un Juge supérieur, assisté de deux
Avocats & de deux anciens Notaires,
les questionner sur le droit & sur la
force des termes, & n'en point admet-
tre qu'ils ne sussent un peu de l'un &
de l'autre pour faire des Actes en bonne
forme. Car de dix Notaires, à peine
y en a-t-il deux qui sachent faire un
Acte en regle ; c'est ce qui cause la
multitude des procès dans les Provinces, & ce qui ruine les Peuples ; car
dans un Acte un mot mal expliqué
peut faire de grands procès & ruiner
des Familles.

POUR éviter la multitude des procès, il faut ordonner que ceux qui
les intentent, s'ils les perdent dans
tous les chefs, seront condamnés en
une grosse amende, de même que
l'Avocat & le Procureur qui les leur ont
conseillés & qui ont travaillé pour eux.

IL faudroit faire prêter serment à
tous les Juges en les installant dans

leurs Charges, de ne recevoir aucunes fortes de follicitations dans les procès, afin que le crédit ne balançât pas la Juſtice, & punir ceux qui y contreviendroient.

Un moyen fûr pour éviter la multitude des procès & pour les faire juger promptement, feroit que le Parlement où le procès eſt intenté, envoyât toutes les pieces, à l'inſu des Parties, en déguiſant leurs noms, à un autre Parlement pour les juger, & enfuite renvoyer ce Jugement au premier Parlement, qui n'auroit que le droit d'adoucir le Jugement ou de l'approuver. Si tous les Parlements en uſoient ainſi réciproquement, il n'y auroit plus de follicitations, le crédit ne balanceroit jamais la Juſtice, & il y auroit moins de procès; de plus chaque procès feroit examiné par deux Parlements.

Les Procureurs alongent les procès

en multipliant inutilemnnt les procédures, ce qui ruine les pauvres Plai-
deurs & enrichit les Procureurs ;
pour y mettre ordre, il faut ordonner
que dès qu'un procès fera jugé, toute
la procédure fe portera chez le premier Magiftrat qui, affifté de deux autres & de deux Avocats, examinera
avec eux les procédures, & fera payer une
amende au Procureur, s'il a multiplié
les frais & les écritures fans befoin ;
le tiers de l'amende leur appartiendra,
l'autre tiers fera pour le Roi, & le refte
pour l'Hôpital. Ils régleront auffi ce que
les Parties doivent payer aux Procureurs.

Apre's avoir levé le plan général de
chaque Province, il faudroit lever celui
de chaque Paroiffe, défigner la qualité
du Terroir, à quoi il eft propre, le
nombre des Habitants, le Fief dont ils
dépendent, fon étendue, fa valeur,
le nom du Seigneur, fa naiffance,
depuis quand il pofféde ce Fief, la
Maifon d'où il fort originairement,

& borner fa Juſtice avec ſes voiſins, ce qui éviteroit bien des procès, & par ce moyen, le Roi ſauroit ce que chaque pays peut produire & valoir, & connoîtroit la vraie Nobleſſe d'avec la nouvelle. La multitude des laquais & des autres domeſtiques eſt un abus conſidérable ; l'on devroit taxer à un louis d'or par année chaque maître pour chaque laquais au delà d'un, de même pour les cochers, palefreniers, cuiſiniers, valets de chambre & femmes de chambre.

La Nobleſſe eſt la récompenſe du mérite & de la vertu, elle ne doit s'acquérir que par des ſervices rendus à la Patrie : il y a des Charges qui donnent la Nobleſſe, c'eſt un abus, l'on pourroit y attacher les mêmes privileges, mais non la Nobleſſe, qui ne devroit être acquiſe qu'à la troiſieme génération qui auroit poſſédé la même Charge. Il eſt honteux qu'on achette la Nobleſſe pour de l'argent, il faudroit

taxer

taxer à fix mille livres tous ceux qui ont acheté la Nobleſſe fous Louis XIV, fous peine d'être remis au rang des roturiers, s'ils ne payoient pas.

LA Réſidence de Geneve feroit la plus utile à la France, l'on y fait en temps de guerre huit jours plutôt quailleurs, ce qui fe paſſe dans toute l'Europe ; un Réſident intelligent qui répandroit 4000 liv. tous les ans à certaines Gens, feroit inſtruit à propos de bien des choſes utiles dont il rendroit compte à la Cour. L'Auteur de ce Mémoire étant à Geneve, avertit la Cour de deux Hommes de diſtinction déguiſés qui paſſoient pour aller de la part du Roi de Pruſſe, faire des propoſitions au Roi de Sardaigne, en différents temps.

GENEVE eſt toute marchande, mais elle eſt auſſi toute Militaire, chaque Citoyen eſt Soldat, fait le maniement

des armes, a son fusil, sa baïonnette
& son épée ; on y forme des Compagnies & des Régiments qu'on as-
semble tous les ans pendant huit
jours ; ils font toutes les évolutions
Militaires, brûlent de la poudre,
jettent des grenades, s'attaquent &
font le tout très-bien.

Il y a beaucoup d'Officiers à Geneve qui ont servi en France, en
Piémont, ou en Hollande, ils serviroient tous en France, s'il y avoit un
Résident Gentilhomme & qui eût servi ;
ils l'estimeroient & le respecteroient ; ils
ne pensent pas de même d'un Résident
sans nom & sans service : il faudroit
que le Résident tînt une table de
six couverts tous les soirs, le Roi
y gagneroit par les avis utiles
qu'un tel Résident pourroit lui donner de l'Italie, de l'Allemagne & de
la Suisse.

Les Genevois sont naturellement

braves & servent bien ; l'on pourroit en faire un Régiment Suisse en réuniffant huit Compagnies Genevoifes qui fervent en France dans différents Régiments, & y en ajouter deux; tous les Officiers feroient de Geneve, cela attacheroit cette République à la France, qui par-là feroit inftruite promptement de tout ce qui fe fait en Europe.

Il y a de très-anciennes Familles à Geneve, tels que les Fabri, les Turtin, les Miqueli, les Faure, les Joffau & autres.

Le pere du Syndic Fabri avoit levé à fes dépens une Compagnie de deux cents hommes pour le fervice de la France ; cette Compagnie a paffé, à fon grand regret, à un autre ; elle eft à préfent à M. Senebiers qui eft infirme, qui ne fert plus, qui eft âgé, qui n'a ni femme ni enfants; fi l'on rendoit cette Compagnie à la Famille des Fabri, qui eft illuftre & ancienne, ce feroit un acte de Juftice.

Il y a une Paroiffe fur les terres de France, qui eft proche de Geneve & qui coupe le territoire de cette République; on eft obligé de paffer par ce Village pour aller dans ce qui s'appelle le Mandement; les Genevois defireroient en faire un échange avec la France, en lui cédant la Terre & Paroiffe de Dardagny qui eft bien plus confidérable & qui convient mieux à la France.

Il faudroit faire trois claffes de la Nobleffe; la premiere, de ceux dont on ne connoît pas l'origine; la feconde, de ceux ennoblis depuis Henri IV; & la troifieme, de ceux qui font ennoblis depuis ce fiecle; que cela fût enrégiftré au Parlement; l'on en feroit un livre où leurs Armes, leurs Noms & leurs Fiefs feroient inférés par ordre alphabétique,

& dépofé dans la Bibliotheque du Roi ; la premiere claffe paieroit dix écus, la feconde vingt, & la troifieme cinquante.

Il faudroit obliger les Peuples des Campagnes, de prouver qu'ils ont planté vingt arbres utiles avant qu'ils puffent fe marier, foit le long des grands chemins, foit dans les haies vives, ou dans des terreins en friche de la Paroiffe ; c'eft le feul moyen de rétablir les bois en France.

On devroit auffi ordonner à chaque Habitant qui a une charrue à lui, de choifir dans le plus mauvais de fes fonds, la contenue d'un boiffeau de femence du poids de quarante livres, & d'y planter des arbres, n'y ayant aucun pays où il n'y en puiffe venir d'une certaine ef-pece; celui qui auroit un plus grand nombre de charrues en planteroit à proportion.

F iij

Il y a un abus dans les Provinces qui détruit les bois, c'eſt de lier les gerbes de bled avec des petits baliveaux gros comme le doigt. Il y a peu de Paroiſſes à bled qui ne recueille au moins quarante mille gerbes; qu'on juge par-là de la dégradation des bois; il faudroit ordonner de ne lier les gerbes qu'avec de la paille, comme cela ſe pratique dans les pays où il n'y a point de bois.

Autre abus qui détruit beaucoup de bois, ce ſont les haies ſeches dont les Payſans entourent leurs héritages; pour une terre où l'on ſeme quatre boiſſeaux de bled, il faut trente charts de bois, c'eſt-là la vraie deſtruction des forêts; car cette haie ne dure qu'une année. Il faudroit ordonner que chaque Propriétaire fût obligé de planter des haies vives autour de ſes fonds, cela ne coûte rien & dure toujours.

Les Receveurs des Greniers à Sel

& les Gardes qui vont fouiller chez les Peuples , y font des vexations inouies. Ces derniers jettent souvent du faux Sel chez les Habitants riches où ils entrent; il ne devroit leur être permis de fouiller qu'en présence d'un des Officiers de la Justice des Lieux : il est honteux qu'ils soient Juges & parties dans leur propre cause.

A l'Egard des Receveurs, quand les Gardes ont enlevé plusieurs sacs de faux Sel à des Contrebandiers , on doit les jeter publiquement dans la riviere de la Ville où demeure le Receveur; mais l'appas du gain fait qu'on n'en jete qu'une partie & qu'on mêle le reste dans la masse du Grenier à Sel; il arrive delà qu'un malheureux Paysan qui va acheter quelques livres [de] Sel au Grenier , est pris quelques [jours] après en contravention par les Gardes.

Le nombre des Pauvres est prodigieux en France : il y en a de deux especes ; les uns infirmes ou trop vieux pour travailler, les autres fainéants & vagabonds, il faut punir ces derniers févérement ; on doit avoir égard à la misere des premiers, il faut les renvoyer dans leurs Paroisses, & obliger les Décimateurs Eccléfiaftiques de les nourrir ou de leur donner quatre fols par jour, & la Paroisse leur fournira un logement commun pour tous, cela coûtera peu aux Décimateurs Eccléfiaftiques, & il n'y aura plus de pauvres dans les Campagnes.

A l'égard des pauvres des Villes, les Curés peuvent nourrir ceux de leurs Paroisses, aidés par les aumônes des gens charitables ; & même fur l'état que les Curés donneroient de leurs pauvres, l'on pourroit obliger les [illegible] nes rentés de fournir tant par an [illegible] le foulagement de ces malheureux.

LE Roi pourroit réunir à fon Domaine les principaux Octrois des Villes, établir le cinquantieme à perpétuité, & ôter la capitation qui eſt un impôt déſagréable.

Les Curés de la campagne ſont les ſeuls qui travaillent à l'inſtruction des Peuples, ils ſont obligés de marcher la nuit comme le jour pour adminiſtrer les Sacrements, & ils ſont écraſés aux décimes, tandis qu'un gros Chanoine n'en paie qu'une piſtole. Le plus grand nombre des Paroiſſes n'a qu'un Prêtre. Lorſqu'il va voir ſes amis, il ne reſte aucun Prêtre à la Cure : il arrive ſouvent des accidents parmi les Payſans, l'un tombe d'apoplexie, l'autre du haut d'un arbre, un autre qui eſt malade, entre en agonie ; on court chercher le Curé, il ne s'y trouve pas, & ces pauvres Gens meurent ſans Sacrements.

Il faudroit toujours deux Prêtres dans chaque Paroiſſe, & pour cela les fixer tous au même prix de cent piſtoles par chaque Curé, qui feroit obligé de nourrir, loger, blanchir, chauffer & éclairer fon Vicaire, à qui il donneroit cent livres par an, & l'un des deux Prêtres refteroit toujours à la Cure, quand l'autre fortiroit ; le Curé auroit de plus un jardin & un pré pour nourrir une vache & une jument.

Le Roi feroit payer les cent piftoles par année à chaque Curé en quatre paiements égaux, par le Receveur des Tailles de chaque Bailliage, & il s'empareroit de tous les fonds & revenus de chaque Curé ; la Paroiffe feroit obligée d'affermer & d'en porter le prix au Receveur des Tailles. Dans la totalité le Roi y perdroit peu, & le Peuple feroit mieux fervi pour le Chriftianifme.

Rien de fi injufte que la diftribution des Décimes dans les Chambres Eccléfiaftiques, où l'on impofe toujours une fomme confidérable au-delà du taux. Dieu sait à qui cette somme revient. Il faudroit que le Lieutenant Général & le Procureur du Roi assistassent à ces impositions.

Il est odieux qu'un Homme ne puisse pas contracter une obligation de cent livres avant l'âge de vingt-cinq ans, & qu'on lui permette de perdre la liberté à seize ans, en faisant des vœux chez les Moines. La liberté est le plus précieux des biens, comment la laisse-t-on perdre à des Enfants qui n'en connoissent pas le prix ? Il en résulte deux maux très-abusifs, dont le plus considérable est la dépopulation ; & l'autre, tant de mauvais Moines & de Religieuses, livrés au libertinage par le désespoir où les réduisent, à l'âge de raison, les vœux indiscrets qu'ils ont faits dans leur enfance.

Il faudroit défendre de recevoir aucun Moine ni Religieuse avant l'âge de vingt-cinq ans.

Les Couvents de Filles font payer des dots à celles qui se font Religieuses dont on ne donne point de quittances, cela fait un argent considerable dans les Couvents ; il faut corriger cet abus, & obliger ces Maisons de ne pouvoir placer leur argent que sur le Roi.

Les Gens d'Eglise se sont toujours regardés comme majeurs pour acheter, & comme mineurs pour vendre, ils auroient à la fin envahi tous les biens dans la Religion Catholique ; on a fait sagement de leur défendre d'acheter ? mais on feroit aussi bien de leur permettre de vendre.

Le Sauveur nous a appris par sa divine bouche, que le regne du Sacerdoce n'est pas de ce monde ; comment cela peut-il s'accorder avec les richesses immenses & les grandes Seigneuries que possédent les Evêques ; mais sur-tout les Moines, qui ont de vaſtes domaines & qui ſe décorent des titres les plus faſtueux, quoiqu'ils aient fait vœux de pauvreté & d'humilité; qui Miniſtres de paix, & obligés par état de donner des exemples de charité & de droiture, intentent ſouvent des procès à leurs voiſins pour des droits de chaſſe ou de pêche, pour des cens ou des ſervis qui peut-être ont été uſurpés. Il n'y a point de Couvents de Moines rentés qui n'aient un membre deſtiné à imaginer ſans ceſſe les moyens d'engraiſſer ſes freres, & qui s'étayant de vieux parchemins, n'opprime le foible innocent, & ne le dépouille impunément des droits & des redevances qu'il tient légitimement de l'héritage de ſes Peres. Cet agent de l'ambition Monacale ſe damne pour les autres; on le ſacrifie, & la Communauté jouit paiſiblement du fruit de ſes manœuvres.

S'ILS ont quelques fonds écartés ſous les murailles du Château d'un

Seigneur, ils n'en paient aucuns ser-
vis ; prétendant que tous leurs biens
font francs & nobles, quoiqu'ils en
aient en vraie roture.

LA multitude des procès des Moines ne provient que de leurs Terriers
& Seigneuries, perfonne ne leur dif-
pute leurs fonds, malgré leurs grandes
richeffes ; le Roi devroit s'emparer de
tous leurs Terriers & Juftices, qu'il
revendroit aux Gens de Condition du
voifinage, au denier vingt-cinq, payable dans le courant d'un an ; il en tireroit des fommes immenfes & ne feroit
aucun tort aux Moines, au contraire ce
feroit un vrai bien pour eux ; car quel-
ques-uns fe font haïr & méprifer par
leurs chicannes & leur efprit procef-
fif ; ils pourroient fe faire aimer &
eftimer dès qu'ils n'auroient plus de
Terriers ni de Juftices, qui font les
fources de tous leurs procès.

SI le Roi rendoit régulieres toutes

les Abbayes des Moines, c'eſt-à-dire, qu'au lieu d'un Abbé Commendataire il y eût un Moine pour Abbé, le Roi en retireroit de gros revenus, de la façon ſuivante.

U N Abbé Commendataire aura cinquante mille écus de rente de l'Abbaye, qu'on laiſſe cette Abbaye à un Moine du Couvent, avec douze mille livres de rente, les cent trente-huit mille livres reſtantes feront données au Roi qui en profitera, les Moines en gagneront douze mille, & auront l'agrément d'avoir pour Abbé un camarade, ce qui mettra l'émulation parmi eux. Ce projet ne s'exécutera qu'à meſure que les Abbés Commendataires mourront ; le Roi augmenteroit par-là ſes revenus de ſommes immenſes qu'il faudroit d'abord employer à rembourſer toutes les Charges de Judicature & tous les Emplois Militaires, dont le Roi diſpoſeroit par les ſuites en faveur du mérite, & comme tout ſe donneroit à la capacité, fans rien acheter, cela exciteroit l'émulation parmi les Sujets, qui pourroient tous efpérer de parvenir aux grandes places, s'ils s'en rendoient capables.

Quand on aura rembourfé toutes les Charges & les Emplois, les fommes qui proviendront de ces Abbayes, feront réfervées pour donner des penfions aux Gens de mérite dans tous les états à proportion des grades & de leur fervice. Tout Capitaine qui aura fervi vingt ans aura cent piftoles de penfion; le Colonel & le Lieutenant Colonel des mêmes années de fervice auront deux mille livres; les Brigadiers auront mille écus; les Maréchaux de Camp quatre mille livres, & les Lieutenants Généraux fix mille livres; & les fimples Lieutenants qui auront fervi vingt ans auront quatre cents livres de penfion.

On en ufera de même à proportion
vis-

vis-à-vis des Magiſtrats & de ceux qui ſe diſtingueront dans les Arts & Métiers.

Il faut auſſi que le Roi s'empare de tous les Terriers & Juſtices des Evêchés, Abbayes & Prieurés, comme de ceux des Moines ; c'eſt une bien petite diminution ſur le revenu des Gens d'Egliſe, & cela rendroit de grandes ſommes au Roi.

Il faudroit donner une récompenſe ou une exemption de taille aux Laboureurs & aux Artiſtes qui inventeroient des choſes utiles pour l'Agriculture & pour les Arts, c'eſt le moyen d'exciter l'émulation.

Il eſt facile de ſavoir au juſte le revenu de chaque Couvent de Moines, le Roi pourroit s'y approprier une place.

G

EXEMPLE.

Vingt Chartreux qui dans un Convent ont quarante mille livres de rente, feroient réduits à dix-neuf, & le Roi feroit le vingtieme. Le Couvent lui paieroit annuellement fes deux mille livres, & à mefure qu'il mourroit des Moines, le Roi en retireroit également le revenu, qui devient inutile à la Communauté, & qui feroit mieux employé au bien de l'Etat: mais auffi dès qu'il y auroit un nouveau Moine dans le Couvent, le Roi cederoit les deux mille livres. On ne feroit par-là aucun tort aux Moines, & le Roi augmenteroit fes revenus.

Lorsqu'un Couvent de Moines ou de Religieufes fe trouvera réduit à la moitié du nombre des Perfonnes qui y font à préfent, de deux Couvents on n'en fera qu'un, & le Roi s'emparera des biens de l'autre ; de cette façon dans moins de trente ans

il y aura la moitié moins de Moines,
fur-tout étant défendu d'en recevoir
avant l'âge de vingt-cinq ans.

L'Eglise eft trop riche en France,
elle poffede plus du quart du fol du
Royaume ; & le don gratuit qu'elle
donne au Roi n'approche pas du tiers
de ce qu'elle devroit payer, en com-
paraifon de ce que paient les autres
Sujets.

Il feroit très-utile pour le bien des
Peuples qu'il y eût des Gens intégres
qui fiffent tous les ans des tournées
dans les Provinces, pour y recevoir les
plaintes des pauvres payfans contre les
fripponneries des Receveurs des Tailles
& des Greniers à Sel, & contre les vexations des Seigneurs qui tyrannifent
fouvent ceux qui dépendent d'eux ; &
pour faire rendre bonne juftice aux Habitants de la Campagne. Ce font les
Laboureurs qui font les plus chargés
de peine & d'impôts, & ce font ceux

que l'on devroit le plus ménager, puis-
qu'ils nous nourriffent par la culture
des terres, & nous habillent par la
laine de leurs moutons : c'eft l'état le
plus utile & qui mérite protection &
foulagement.

IL y a un abus confidérable fur les
Tailles dans les pays où les herbes font
affez bonnes pour engraiffer les bœufs
au verd ; les Payfans mettent prefque
toutes leurs terres en prés ; ils gagnent
prodigieufement fur les bœufs qu'ils
y engraiffent, & cela fans dépenfe ;
on ne leur impofe prefque point de
Taille, & on la rejette toute fur
les Laboureurs qui en font écrafés, &
qui font les plus utiles à l'Etat.

LA force d'un Etat confifte dans le
nombre de fes Habitants ; les pays Pro-
teftants font plus peuplés que ceux des
Catholiques, parce que tout le monde
s'y marie ; la quantité des Couvent,
eft par la dépopulation la ruine d'un

Etat, & on ne sauroit trop s'appliquer à en diminuer le nombre & à favoriser la population, & le défrichement des terres incultes.

LE haut Clergé est trop riche par la pluralité des Bénéfices qui est contraire à la Loi Divine. Il est facile d'y remédier en fixant les revenus de chaque Evêché à vingt mille livres de rente, & ceux des Archevêchés à trente mille ; le surplus sera employé à des Hôpitaux & à des Chapitres de Chanoines & Chanoinesses ; mais il ne faut plus donner des Abbayes aux Prélats.

LE haut Clergé n'est composé que de cadets réduits à leurs légitimes souvent très-modiques ; un tel cadet fait Evêque ne doit-il pas se trouver heureux d'avoir vingt mille livres de rente ? D'ailleurs l'intention de ceux qui ont donné ces biens, étoit qu'on en distribuât la plus grande partie aux Pauvres, & ils ne présumoient pas que les revenus feroient employés en carroffes, bonne chere, & autres plaifirs inconnus aux Apôtres.

L e s biens dont jouit l'Eglife faifant partie des fonds du Royaume, doivent en fupporter les charges au prorata comme les autres. Ces biens en changeant de mains, n'ont pu acquérir des privileges pour être exempts des charges de l'Etat ; ils les paieroient comme les autres, s'ils appartenoient encore à leurs anciens maîtres, ils doivent donc les payer aujourd'hui malgré les prétendues exemptions des Gens d'Eglife, parce qu'ils ne les ont obtenues que dans des temps d'ignorance, où il n'y avoit quafi que les Prêtres qui fuffent lire.

D e s tontines établies dans les Capitales des différentes Provinces feroient plutôt remplies qu'à Paris.

I l faut obliger tous les Moines

d'apporter les titres de propriété de tous leurs biens ; ils n'en doivent avoir que par donation ou par acquifition. On doit examiner avec attention la validité de leurs titres, & s'ils fe trouvent avoir des biens dont ils ne puiffent juftifier l'acquifition ou la donation, ce font des biens ufurpés dont le Roi doit s'emparer.

Il faudroit permettre à chaque particulier de rentrer dans les biens que fes Ancêtres ont donné ou vendu aux Moines, en leur rembourfant le prix qu'ils en ont donné ; les Moines en ufent de même pour les biens qu'ils ont ci-devant vendus.

Il faudroit rendre navigables toutes les rivieres qui peuvent l'être à peu de frais, en obligeant les Villes & les Villages qui en font à portée, d'y travailler avec la Milice du Pays.

La France dont il y a une affez

grande partie inculte deviendroit un jardin, & tout fe cultiveroit, fur-tout fi l'on établiffoit dans chaque Bailliage deux Hommes intégres, l'un pour le commerce des denrées qui y croiffent, & pour celui des beftiaux ; l'autre pour la culture des terres en friche, & pour les bois ; ces deux Hommes jugeroient en dernier reffort avec le Lieutenant Général & le Procureur du Roi, tout ce qui a rapport au commerce, au défrichement & aux plantations.

CE Commiffaire d'agriculture verroit les lieux qui doivent être défrichés, ceux qu'il faut femer & ceux où l'on peut planter des bois ou y faire des prés ; il encourageroit les Peuples au travail par des récompenfes ou des exemptions, & il les foutiendroit contre les tyrannies & les vexations qu'ils n'éprouvent que trop fouvent.

LES Bourgeois des petites Villes de

Province ne paient prefque rien des Tailles & autres Impôts ; ils font diminuer les Cultivateurs de leurs domaines autrement leurs Grangers ; ce qui ruine les Habitants de la campagne qui font furchargés des Impôts des autres , & que les Receveurs des Tailles font pourrir en prifon & accablent de frais très-injuftes. Les Miniftres ne favent pas tous ces détails de la campagne , car ils y mettroient ordre très-fûrement , puifque ce font les Payfans qui font fubfifter les Etats en cultivant le bled , le vin , & qui nourriffent les beftiaux ; ils fourniffent d'ailleurs des Soldats & des Domeftiques ; ces Gens-là méritent bien qu'on les protege.

Les deux états les plus utiles font les Laboureurs & les Marchands ; les premiers nourriffent les hommes par le travail de la terre , & les autres font circuler l'argent en nous apportant les denrées qui nous manquent , & en exportant celles que nous avons de trop ; il faut donc les protéger.

Il faut faire arracher toutes les vignes de la plaine en Bourgogne, en Mâconnois & ailleurs, les vins n'y valent rien, & il y viendroit d'excellent froment. On permettra de planter des vignes fur les côteaux & les montagnes où il ne peut venir du bled.

Un grand abus dans les Pays d'Election, c'eft une douzaine d'Elus qui jouiffent de toutes fortes de privileges en écrafant les Peuples de la Campagne; il faudroit caffer tous ces Elus.

L'on ne fauroit remédier trop tôt aux abus qui fe commettent dans les Maîtrifes des Eaux & Forêts. Les bas Officiers de ce Corps font affigner un particulier pour des coupes de bois réelles ou imaginaires, & ils traitent avec lui fecrétement, fe font donner de l'argent, & la chofe en refte là. Si on fe plaint à eux que l'on met rouir du chanvre dans les rivieres, ou que l'on détruit les bois, en les priant d'y mettre ordre, ils répondent qu'on leur donne quarante piſtoles, & qu'ils viendront ſur les lieux, ſinon qu'ils ne marchent pas.

AUTRES abus dans la Campagne : dès qu'un Barbier ſait ſaigner, il traite hardiment tous les malades qu'il tue impunément : on devroit défendre à toute perſonne qui n'eſt pas approuvée par les Médecins, de profeſſer la Chirurgie dans les Campagnes ; cela eſt d'une très-grande conſéquence.

AUTRES abus inouis dans les petites Villes au ſujet des Lieutenants Généraux, Lieutenants Particuliers, Procureurs du Roi & autres Juges : la plupart ne ſavent pas un mot de Latin ni du Code, ni des Loix ; ils ſont reçus Avocats pour de l'argent ſans étudier, & ils ſont inſtallés dans leurs Charges ſans rien ſavoir : les Peuples ſont bien malheureux d'être jugés par de tels ignorants ; il faudroit ordonner que ces Gens-là n'exerceroient leurs

Charges qu'après avoir subi un examen févere devant des Députés du Parlement, affiftés de deux bons Avocats.

Un abus confidérable dans les Campagnes, ce font les Cabarets : ils font remplis de Payfans, les Dimanches & les Fêtes, qui s'enivrent fouvent, même avant la Meffe, & qui ne reviennent chez eux qu'à la nuit, qui battent leurs femmes, qui s'affomment quelquefois avec d'autres ivrognes, & qui mangent dans un jource qu'ils ont gagné dans la femaine; ce qui réduit la femme & les enfants à demander l'aumône.

Pour y remédier, il faut rendre les Officiers des lieux refponfables de ces défordres, afin de les obliger parlà à faire leur devoir en faifant payer l'amende aux Cabaretiers qui vendent du vin dans leurs Cabarets aux Habitants du lieu. Les Cabarets ne doivent fervir qu'aux Voyageurs. Il faudroit auſſi dans les Villages que le Juge du lieu taxât le prix du pain & du vin qui ſe vendent en détail.

LA Loi défend de mettre en priſon pour dettes un homme de ſoixante & dix ans, c'eſt un abus qui autoriſe bien des fripponneries.

IL ſeroit facile de faire un canal de la Loire à la Saône, & à peu de frais; par l'étang de Lonpondu qui eſt le point juſte du partage : car de cet étang ſortent deux rivieres aſſez conſidérables; l'une appellée Bretince, ſe jette dans la Loire & traverſe le Charolois & le Brionnois; l'autre nommée la Devigne, traverſe une partie de la Bourgogne, du Mâconnois & du Châlonnois, & ſe jette dans la Saône. Pour qu'il en coutât peu, il faudroit accorder une loterie à la Province, dont le produit ſeroit employé audit Canal, & y faire travailler les Milices de la Bourgogne.

Il y a nombre de Curés de Campagne qui mènent une vie scandaleuse, tant avec les femmes que par des excès de vin ; ils font des procès à leurs Habitants, vont à toutes les Foires, font rarement à leurs Cures, & les Sacrements sont mal administrés : les Evêques ou les Grands Vicaires les soutiennent mal-à-propos ; il faudroit y remédier, & que sur la plainte d'un Seigneur, l'Evêque envoyât un Grand Vicaire sur les lieux pour vérifier les faits, & son voyage seroit payé par celui qui auroit tort.

Les Evêques qui n'ont point de Charges à la Cour devroient résider dans leurs Diocèses & n'en sortir qu'avec une permission du Roi. Il y en a qui non seulement n'y viennent pas faire les Ordinations ; mais qui ont la dureté d'obliger les Aspirants à la Prêtrise d'aller à leurs dépens chercher un Démissoire, qu'on leur fait payer, pour être reçus Prêtres dans un autre Diocefe, ce qui en dégoûte beaucoup, & fait qu'on manque de Prêtres dans bien des Evêchés.

Il faudroit que les Evêques fiffent faire tous les ans par des Gens pieux & véridiques, des perquifitions exactes dé ceux qui menent une vie fcandaleufe & qui n'approchent pas des Sacrements, dont ils rendroient compte au Roi pour les faire punir.

Il faudroit ôter aux Moines la faculté qu'ils ont de s'emparer des meilleurs Bénéfices en fignifiant leurs Grades ; car ces Bénéfices ne fortent plus du Couvent dès qu'un Moine en eft pourvu ; il faudroit qu'il n'y eût que les Prêtres féculiers, qui en qualité de Gradués, puffent obtenir des Bénéfices de cette forte, ils pafferoient fucceffivement dans plufieurs Familles.

On ne fauroit imaginér trop de moyens pour faire avoir au Roi des biens immenfes dont jouiffent les Moines.

LES rues & les Eglifes de Paris regorgent de Pauvres, qui font pour la plupart des fainéants & des vagabonds ; il faudroit établir un Hôpital exprès pour ces Gens-là , qui feroit une Maifon de force où les Pauvres eftropiés feroient nourris : on leur donneroit de la foupe & de la viande ; mais l'on feroit travailler ceux qui le pourroient , & le produit de leurs ouvrages ferviroit à nourrir toute la maifon ; de cette façon il n'en couteroit rien au Roi ni à la Ville , & il n'y auroit plus de Pauvres.

ON pourroit faire la même chofe dans toutes les Villes capitales de chaque Province.

TOUTES les Femmes de Savoie & de la Vallée de Barcelonette qui montrent la marmotte , courent les

rues

rues pendant la nuit avec des Orgues, des Vielles, & la Lanterne magique, font autant de fainéantes, qui ne font des Enfants que pour leur apprendre à gueufer. Il n'eft point d'Eglife dans Paris où l'on ne foit perfécuté par ces créatures, qui envoient beaucoup d'argent tous les ans dans leur Pays; il faudroit envoyer toute cette race peupler au Miffiffipi.

Comme les Provinces du Royaume ne font pas trop peuplées, dès qu'il y a un beau Garçon dans un Village, il s'en va dans une Ville pour y être laquais & pour éviter de travailler, c'eft un abus confidérable.

Pour y remédier il faut faire publier dans chaque Paroiffe qu'aucun Habitant ni Payfan ne pourront aller demeurer ailleurs fans une permiffion du Juge des lieux, du Lieutenant Général, du Procureur du Roi du Bailliage. Les Payfans font faits pour cultiver la terre ; il faut les obliger d'y travailler & ne pas permettre qu'ils deviennent fainéants ou vagabonds : mais comme ce font eux qui nous font vivre, il faut les protéger.

Si le Roi affermoit fes droits & fes revenus à chaque Province , il y gagneroit , & les Peuples feroient foulagés ; car les Fermiers Généraux entretiennent plus de foixante mille Commis ou Gardes ambulants ou ftables, qui leur coûtent plus de cent mille livres par jour, ce qu'ils diminuent fur le prix des Fermes, & qu'ils retrouvent fur les Peuples. Ces foixante mille Commis ou Gardes n'ayant plus d'emplois, feroient des Soldats, des Domeftiques, & des Laboureurs, & ne feroient plus les tyrans du Peuple.

Il feroit à defirer qu'il n'y eût qu'une Religion fur la terre ; mais la fauffe fcience des Hommes en ayant imaginé plufieurs, il eft de la bonne politique de les tolérer, la force d'un État consistant dans le grand nombre des Sujets. La révocation de l'Edit de Nantes a fait perdre à la France plus d'un million de Sujets qui ont porté chez l'Etranger l'industrie & les secrets de différentes Fabriques. Il faudroit faire comme les Anglois & les Hollandois qui souffrent toutes les Religions parmi eux; mais qui ne laissent posséder les charges & les emplois que par ceux qui suivent la Religion dominante. Si le Roi permettoit aux refugiés François de rentrer en France, ils y reviendroient par milliers, ce qui augmenteroit la population.

Il faudroit aussi que ceux qui ont Carrosse payassent chacun cent livres par année pour leur Carrosse : il est juste que les riches paient plus que les autres.

C'est l'Auteur de ces Réflexions Politiques qui a donné le projet de l'Impôt fur les Cartes; mais la façon dont on leve cet Impôt en dérobe au Roi une partie.

Le Luxe eft néceffaire dans un Royaume; mais il eft porté à l'excès en France: il faut y remédier. Quel abus de dorer des plafonds, des boifages, des carroffes, des quadres, des tableaux, & d'autres ornements dont l'or eft perdu pour jamais! Un beau Vernis eft plus parant que la dorure. L'on retire encore quelque argent des Galons. Il faut défendre d'employer l'Or & l'Argent à autre chofe que pour la Vaiffelle ou la Monnoie. Il feroit à fouhaiter qu'on ne portât plus des Galons ni des Broderies; les Ouvriers qui y travaillent iroient travailler à la terre, ce qui feroit plus utile.

Il y a des Bailliages fi peu étendus, qu'il feroit très-utile de n'en faire qu'un de deux; celui de Sémur en Brionnois devroit être réuni à celui de Charolles en Charolois ; ainſi de pluſieurs autres.

Il y a trop de petites charges chez le Roi , ſoit au Gobelet & à la Cuiſine, ſoit à l'Office, & à la Panneterie : il y a de ces Gens-là qui reçoivent de leurs Emplois juſqu'à 15000 liv. de rente ; c'eſt un bien grand abus.

C'en eſt un bien grand auſſi que les Gens de la Campagne quittent leurs Villages pour venir dans les Villes apprendre des métiers ; cela dépeuple les Paroiſſes où faute de bras on eſt forcé de laiſſer pluſieurs terres incultes , ce qui eſt un mal réel. Il faudroit obliger les Payſans à ne travailler qu'à la culture de la terre ; c'eſt ſans contredit l'objet le plus utile & auquel on ne ſauroit donner trop d'attention.

Pour le bien de la population & de la culture des terres , il faudroit que dès qu'un particulier a ſix enfants , on

le déchargeât de la moitié de la taille ;
dès qu'il en a dix, qu'on le déclarât
exempt de tous impôts, & s'il en a
au-delà de dix, qu'on lui donnât,
outre l'exemption, une penfion d'autant de piftoles qu'il a d'enfants.

Tout Laboureur qui défricheroit
des terres & qui les cultiveroit bien,
devroit avoir une récompenfe pendant
dix ans, de vingt fols par arpent, au
moins ; c'eft le vrai moyen d'exciter
au travail & de transformer des bruye-
res en bons champs de bled. L'on ne
fauroit trop donner d'attention à la
population & à la culture des terres ;
l'une & l'autre font la puiffance d'un
Royaume.

Abus fur le Travail des Chemins.

Les fripponneries que les Directeurs
& Piqueurs des grands Chemins font
fur les Peuples, crient vengeance. Ils
exemptent leurs amis & ceux qui leur
donnent de l'argent, & ils furchargent

les autres de travaux. Il y en a eu d'aſſez frippons pour recevoir des Paroiſſes la même ſomme qu'elles donnoient au Roi pour la Taille, & pour répartir ce travail ſur d'autres Paroiſſes, quoiqu'ils euſſent promis de le faire à leurs frais. Ces crimes reſtent impunis & écraſent les Laboureurs; cela mérite une punition exemplaire, & l'attention du Miniſtre.

Abus ſur les Laquais.

DANS les Villes il devroit être expreſſément défendu de ſe ſervir pour Laquais de gens nés dans les Campagnes; c'eſt de cet abus que procede la dépopulation & le défaut de culture des Terres dont une grande quantité reſte en friche, ce qui eſt aſſurément un mal conſidérable dont chacun ſe reſſent; car c'eſt par-là que les denrées ſont toujours très-cheres, & que les pauvres Gens ont peine à pouvoir ſubſiſter. On devroit, pour éviter ce triſte inconvénient, ordonner que l'on ne pût prendre pour Laquais que des fils d'Ouvriers & Artifans des Villes, dont le fervice feroit même plus agréable, ou des étrangers. Communément ce font les plus beaux Hommes des Campagnes qui choififfent l'état de Laquais pour s'éviter la peine du travail ; & c'eft ainfi que fe perd la belle efpece des Hommes de Campagne. Il eft aifé de s'en appercevoir, lorfque l'on fait tirer au fort pour la Milice.

NOMBRE de Gens, pour augmenter leurs revenus, vendent leurs biens & en placent l'argent à fond perdu fur des Moines, ou fur des Communautés, par des Actes fous feing privé ; ces Gens-là qui jouiffent d'un bon revenu, ne paient rien au Roi, parce qu'ils paroiffent n'avoir aucun bien ; c'eft un abus auquel il eft facile de remédier.

SI le Sel & le Tabac n'étoient pas marchandife prohibée, le Roi en retireroit beaucoup plus par la grande consommation qui s'en feroit ; cela éviteroit bien des meurtres qui se commettent tous les ans, & la ruine des Habitants de la Campagne qui sont pris par les Gardes. Il faudroit que le Roi achetât tous les Marais salants ; qu'on établît des Greniers où il seroit libre de venir acheter des milliers de minots de Sel à un prix fixe, que les Marchands conduiroient à leurs frais dans les différentes Provinces du Royaume, où ils le revendroient en détail. La cherté du Sel fait que la plus grande partie des Paysans n'en usent point, ou très-peu. S'il étoit commerçable, tous en prendroient beaucoup, parce qu'il seroit à meilleur marché, & la quantité du débit augmenteroit les revenus du Roi.

Il en est de même du Tabac ; on a fait arracher celui de Morlaix & de Clairac, qui valoient beaucoup mieux que celui de Hollande. On porte l'argent de France chez l'Etranger pour y acheter du Tabac, tandis qu'il y en avoit du meilleur dans le Royaume, où l'Etranger venoit l'acheter.

Il faudroit établir un Commerce direct avec toutes les Puissances Maritimes du Nord. Il est Honteux que les Hollandois fassent presque tout ce Commerce qui seroit avantageux pour la France & utile à sa Marine.

Nos Vaisseaux y porteroient les Vins de Bordeaux & autres denrées, & en rapporteroient le Cuivre, le Goudron, le bois propre à la construction des Vaisseaux, & autres Marchandises qui nous font utiles.

Il seroit avantageux de former plusieurs Compagnies pour faire des établissements aux Indes, à l'Amérique, & en Affrique, en leur assurant la protection du Roi à qui elles paieroient cinq pour cent sur tout le profit qu'elles feroient dans ce Commerce : mais il faudroit que ces nouvelles Colonies fussent solides, & imiter en cela les Hollandois qui y bâtiſſent de bons Forts & y entretiennent de fortes garniſons.

LE Roi étant deſpotique dans ſon Royaume, il conviendroit qu'il n'y eût qu'un poids, une meſure, & une aune : le poids ſeroit de ſeize onces; la meſure de grains de quarante livres peſant; & l'aune de quatre pieds, de douze pouces chacun.

LES Loteries royales ont paru avantageuſes : les billets ſe commercent & augmentent de prix, ce qui produit un bien aux particuliers qui les ont pris; mais l'on en tireroit un plus grand avantage pour le Roi ſans faire tort aux particuliers qui y mettent leur argent, en ſuivant le plan ci-après expliqué.

D'ABORD il ne faudroit point donner d'intérêt pour la premiere année où les heureux reçoivent le prix des lots qu'ils ont gagnés; cet intérêt ſeroit un bénéfice pour le Roi.

LES tirages fe font dans l'efpace de douze années, un dans chacune; il feroit mieux de faire tous les tirages la premiere année, un à chaque mois; & les paiements fe feroient toujours dans le courant des douze années.

E X E M P L E.

LE tirage de Janvier feroit payé à la fin de la premiere année fans intérêt; celui de Février, à la fin de la feconde année; celui de Mars, à la fin de la troifieme, & ainfi de fuite.

CET arrangement feroit goûté de chaque particulier. Le François naturellement vif & inquiet de favoir fon fort, feroit charmé d'en être certain dans le courant de l'année; d'ailleurs un homme d'un certain âge n'ofe pas hazarder un billet dans la crainte de ne pas vivre affez pour arriver à ce terme. Celui qui auroit eu un lot, mais qui ne feroit payable que dans les dernieres années, efcompteroit volontiers fon lot & y perdroit le quart ou même la moitié pour avoir de l'argent comptant, ce qui produiroit un profit pour le Roi. S'il y avoit un Bureau exprès pour cela, le particulier qui efcompteroit ne feroit point grevé, il le feroit librement & volontiers.

Les plus confidérables lots fe placeroient dans les derniers tirages, l'efcompte en feroit plus fort.

Le gros lot ne devroit être que de cent mille livres. Pour multiplier les petits lots, les billets feroient de trois cents livres. Plus le fonds de la Loterie eft confidérable, & plus le Roi y gagne.

Si l'on diminuoit les droits & les impôts des douanes fur les Marchandifes qui entrent dans les Villes, il y auroit beaucoup moins de contrebande.

Si l'on permettoit le commerce libre des étoffes & des draps étrangers, en payant un droit d'entrée, le Roi y gagneroit, & cela ne feroit aucun tort à nos manufactures, ou du moins un très-petit.

Sur les Cafés.

Les bonnes mœurs doivent faire proscrire nombre de petits Cafés où l'on reçoit des filles pour attirer les jeunes gens, ce font de vrais lieux de prostitution. Il faudroit mettre les Cafés en charge, & même en faire un corps de maîtrise. Ils auroient seuls le privilege de vendre en détail la biere, les liqueurs & les eaux chaudes & froides. L'on en fixeroit le nombre à proportion de la grandeur ou de la situation des Villes, & par la même proportion l'on fixeroit le prix des charges depuis cent pistoles jusqu'à dix mille livres, cela donneroit quelques millions au Roi.

Abus pour le Commerce de Lyon.

Les Suisses, les Genevois, & les Allemants font une grande partie de ce

commerce tant en gros qu'en détail,
ou par commiſſion ; ils y élevent de
jeunes gens de leurs pays, les placent
chez des marchands Fabriquants, où ils
apprennent à fabriquer les Etoffes. Ces
jeunes gens retournent enſuite dans
leurs pays où ils établiſſent des Fabriques
& des Manufactures, ce qui fait un très-
grand tort aux Fabriques de Lyon.

Il faudroit que l'on ne reçût pour
apprentifs que des fils de maître par
préférence, & des François, mais jamais
des étrangers.

*Moyens pour faire entrer des ſommes
immenſes dans les coffres du Roi.*

Le Roi devroit ſe charger de payer
pour ceux qui doivent ſur leurs immeu-
bles des penſions à l'Egliſe, ſoit obi-
tuaires ou autrement, ſoit prébendes
ou comiſſion de Meſſes ; car outre une
quantité d'argent qu'il en retireroit par
le rembourſement , il y feroit encore
un profit conſidérable.

EXEMPLE.

TEL qui doit 350 liv. chaque année à l'Eglise, paieroit dix mille livres avec plaisir pour en être quitte; ainsi le Roi gagneroit net 150 liv. de rente, & par conséquent le principal. Il est certain qu'en suivant ce projet, le Roi gagneroit au moins cinquante millions en capital, & recevroit des sommes immenses dans l'année, en rendant un grand service à ses Sujets.

LA Dombe est une Province en Souveraineté, située entre les meilleures Provinces du Royaume : si le Roi l'achetoit de M. le Comte d'Eu, il faudroit alors transférer le Parlement de Dombes à Lyon, cela ne diminueroit pas le Commerce de cette Ville, & feroit un beau Parlement en y joignant la Dombe, le Lyonnois, le Forez, le Beaujolois, & le Mâconnois ; l'on pourroit y ajouter la Bresse, le Bugey, & le pays de Gex : cela soulageroit les Parlements de Paris & de Dijon, qui ont trop d'étendue.

F I N.

9 782329 774268